Markus Baumgarten

Alles ganz anders!

Der Weg der Liebe

© 2017 Markus Baumgarten
Umschlag, Illustration: Vorlagen Tredition GmbH,
Bild: © psdesign1, fotolia.com
Lektorat, Korrektorat: Ruth Reinhart

„Das Hohelied der Liebe", 1. Korinther Kapitel 13, Verse 1 – 13
Neue Evangelistische Übersetzung

Verlag: tredition GmbH, Hamburg

ISBN
Paperback   978-3-7439-8899-6
Hardcover   978-3-7439-8900-9
e-Book   978-3-7439-8901-6

Printed in Germany

„Wer den **Meister** ehrt, der ehrt sich selbst"

Aus dem Film „Forbidden Kingdom" mit Jackie Chan

„Wenn ich die Sprachen von Menschen und Engeln sprechen könnte, aber keine Liebe hätte, wäre ich ein schepperndes Blech, eine lärmende Klingel. Und wenn ich weissagen könnte und alle Geheimnisse wüsste und jede Erkenntnis besäße; und wenn ich alle Glaubenskraft hätte und Berge versetzte, aber keine Liebe hätte, wäre ich nichts. Und wenn ich meinen ganzen Besitz zur Armenspeisung verwendete, ja wenn ich mich selbst aufopferte, um verbrannt zu werden, aber keine Liebe hätte, nützte es mir nichts.

Liebe hat Geduld. Liebe ist gütig. Sie kennt keinen Neid. Sie macht sich nicht wichtig und bläht sich nicht auf; sie ist nicht taktlos und sucht nicht sich selbst; sie lässt sich nicht reizen und trägt Böses nicht nach; sie freut sich nicht, wenn Unrecht geschieht, sie freut sich, wenn die Wahrheit siegt. Sie erträgt alles; sie glaubt und hofft immer. Sie hält allem stand.

Die Liebe wird niemals aufhören. Prophetische Eingebungen werden aufhören, Sprachenrede wird verstummen, die Gabe der Erkenntnis wird es nicht mehr geben. Denn wir erkennen und weissagen nur unvollständig. Wenn dann aber das Vollständige kommt, wird alles Unvollständige beseitigt werden.

Als ich ein Kind war, redete ich wie ein Kind, dachte und urteilte wie ein Kind.

Als ich Mann wurde, tat ich das Kindliche ab. Jetzt sehen wir wie in einem blank polierten Stück Metall nur rätselhafte Umrisse, dann aber werden wir alles direkt zu Gesicht bekommen. Jetzt erkenne ich nur Teile des Ganzen, dann werde ich alles erkennen, wie auch ich völlig erkannt worden bin.

Glaube, Hoffnung und Liebe: Diese drei werden bestehen bleiben. Aber die größte unter ihnen ist die Liebe".

Das Hohelied der Liebe

Inhalt

Prozesse

Dieses Buch zu schreiben war kein lang gehegter Wunsch oder etwas, das ich schon immer vor hatte zu tun. Es ist einfach so entstanden. Es musste jetzt entstehen, weil es zu meinem inneren Prozess passte. Plötzlich war die Idee da, der Titel und die ersten Inhalte. Es kam aus meinem Innern. Es kam nicht aus einer strategischen Überlegung heraus oder einer, von außen beeinflussten, Notwendigkeit. Plötzlich war die Energie da, es zu tun und ich wusste, es war richtig und es war der richtige Zeitpunkt.

Alles das, was du in diesem Buch liest, entsprang nicht meinem Verstand. Es gab keine Struktur. Es gab keine Gliederung. Es gab kein Vorhaben über die Art und Weise, dieses Buch zu schreiben. Die Kapitel sind so entstanden, wie es aus meinem Innern kam. Selbst die Reihenfolge lag nicht fest.

Ich weiß noch, dass ich mir in der Schule und auch später im Studium beim Verfassen von Arbeiten über einen langen Zeitraum vorweg Gedanken machen musste, wie ich das Thema anpacke und vor allen Dingen, was diejenigen, die es lesen mussten, von mir erwarteten. All das fehlte hier. Es ging einfach los. Das „Thema" beschäftigte mich schon lange im Innern. Es lag mir sozusagen auf dem Herzen. Und das, was mir auf dem Herzen lag und immer noch liegt, liegt nun vor dir und du liest es.

Was liegt auf dem Herzen? Klarheit! Der Drang nach Klarheit war schon immer spürbar präsent in meinem Innern. Als Führungskraft war mir in meinem Führungsstil immer Klarheit und Ausgesprochenes wichtig. Ich hasste Unausgesprochenes. Ich hasste Situationen, die nicht aufgedeckt auf dem Tisch lagen, sondern irgendwo im Untergrund wie ein Krebsgeschwür wucherten und die

die Atmosphäre meiner Abteilung vergifteten. Ich wollte immer klare Verhältnisse, egal, wie herausfordernd sie auch sein mochten. Das galt auch für den privaten Bereich.

Natürlich sieht man Unklarheiten immer zuerst bei den anderen als bei sich selbst. Aber meine Reise bis hierhin hat mich selbst klar werden lassen. Das ist die Geschichte mit dem Balken im eigenen Auge. Alles Verborgene in mir wurde zu Tage gefördert. Es ist wichtig, selbst klar zu sein, bevor man andere in die Klarheit führt. Es ist wichtig, mit sich selbst und seiner Seele Klartext zu reden und Dinge auszusprechen, die ans Licht gehören. Sie haben bei jedem von uns zu lange im Verborgenen ihr Unwesen getrieben. Jetzt ist die Zeit, dass sie aufgedeckt werden. Jetzt ist die Zeit, dass diese Energie der Klarheit, die dem Göttlichen, der Wahrheit und dem Echten den Raum öffnet, die Oberhand gewinnt. Dazu dient unter anderem dieses Buch.

Vielleicht ist es zuallererst ein Buch für die geistliche Familie. Die geistliche Familie Gottes. Was das genau heißt, wird im Laufe des Lesens klarer werden. Es ist ein Buch, das das Wirken und den Weg dieser Familie beschreibt, egal, ob im kirchlichen Bereich oder „draußen in der Welt". Es ist aber in jedem Fall ein Buch für **alle**, die in ihrem Leben einen inneren Stillstand empfinden und nicht wissen, wie es weiter gehen soll und denen die handelsüblichen therapeutischen, esoterischen oder auch christlichen Ratgeber nichts mehr geben. Auf jeden Fall dient es jedem, der es lesen möchte, für ein erweitertes Bewusstsein über das, was in uns und um uns herum energetisch vor geht. Und schließlich wird es jeden klarer sehen lassen über seinen individuellen Auftrag auf dieser Erde.

Eine unsichtbare Kraft trieb mich plötzlich an loszulegen. Je länger ich alles niederschrieb, desto klarer wurde mir, dass ich mich in einem Prozess wiederfand. Ich wurde stark herausgefordert, weil mein Verstand nicht die Quelle war, sondern nur ein Instrument des Ausdrucks zwischen mir und dem Papier. Ich durchlebte alle möglichen energetischen Zustände (Emotionen), angefangen von innerer Freude, über Verwunderung und Fassungslosigkeit. Da waren Wut und Aggression, genauso wie Angst und Hilflosigkeit. Mein Verstand versuchte ständig mitzureden und konnte es kaum fassen, dass er so umgangen wurde. Und da war auch noch Vertrauen. Vertrauen darauf, dass alles genau so richtig ist, wie es gerade läuft und im Laufe der Entstehungszeit dieses Buches immer stärker wurde. Und da war natürlich die Kraft der Liebe, die dieses Buch erst möglich machte und gewährleistet, dass du es jetzt in den Händen hältst und lesen darfst.

Ich habe bewusst auf eine „Beweisführung" durch Zitate aus der Bibel verzichtet, da der Inhalt dieses Buches auf dem Wort Gottes basiert, gelegt von meinem Meister und durch die WORT und GEIST - Akademie. Es kommt aus meiner inneren Quelle. Und was anderes kann dabei herauskommen als Worte des Lebens und der Liebe?! Wenn du es glaubst.

Ich habe die Quelle in mir, mein Potential und meinen göttlichen Geist in diesem Prozess besser kennengelernt. Diese Quelle hat mich mit Energien in der Atmosphäre konfrontiert, die dieses Buch verhindern wollten und mich bei einigen Schlüsselkapiteln regelrecht lähmten. Aber es konfrontierte mich ebenso mit Energien, die sich noch in meiner Seele tummelten und die durch die Niederschrift des Inhaltes gezwungen wurden, zu gehen.

Jedes einzelne Kapitel stellt einen Teil meines persönlichen Durchbruchs dar. Das, was du nun liest, entstammt dieser göttlichen Quelle und es kann sein, dass es dich genauso berührt, wie es mich berührt hat und somit weiter führt. Ich wünsche mir das, denn dann hat es sein Ziel erreicht. Die Energie, die das bewirkt, steckt in diesen Worten und in diesem Buch. Wundere dich also nicht über starke Veränderungsprozesse, die in Gang gesetzt werden, um dir zu deinen Durchbrüchen zu verhelfen. Und wundere dich nicht über Konfrontationen, die dich „ein Stück weit" um deinen Verstand bringen werden. Sie werden dir einen tieferen Einblick in deine wahre Natur und in die Möglichkeiten deiner göttlichen Gestaltung vermitteln.

Jedes einzelne Kapitel, sogar einzelne Sätze und Wörter, bergen ein unendliches Potential. Das Potential tiefer zu gehen, die Wahrheit ans Licht zu bringen und noch mehr Bewusstsein zu schaffen. Doch das, was in diesem Buch steht, steht in diesem Buch. Das, was nicht drin steht, steht nicht drin.

In Hochachtung und Bewunderung dir gegenüber!

Markus Baumgarten

Eine Frage der Energie

Die Welt, in der wir leben und uns bewegen, ist eine energetische Welt. Alles geschieht und wird verursacht durch Energien. Energien bewegen sich im unsichtbaren Raum. Man kann sie nicht sehen, doch man kann sie spüren.

In der Naturwissenschaft ist es möglich, Energieströme durch entsprechende Apparaturen sichtbar zu machen. Die Energie selbst ist nicht zu sehen. Ihre Auswirkungen werden aber sichtbar. Sie geben also ein Abbild der unsichtbaren Welt wieder. Im Falle der radioaktiven Strahlung kann die unsichtbare, hochenergetische Strahlung durch den sogenannten Geiger - Zähler wieder gegeben werden. Je höher der Ausschlag des Zeigers auf einer bestimmten Skala, desto gefährlicher die Wirkung der Strahlung auf den sichtbaren Bereich. Das wiederum hat im Sichtbaren eine Wirkung auf lebende Zellen und deren Erbinformation. Auf gleiche Weise kann z.b. die Wärmeenergie mittels eines Thermometers gemessen werden. Die Energie wird also aus dem unsichtbaren in den sichtbaren Bereich gebracht.

Auch die Chemiker wissen, dass alle Materialien, die es auf der Erde gibt, durch Energien - vereinfacht ausgedrückt - den sogenannten Bindungsenergien zusammengehalten werden. Selbst Steine. Das gilt gleichermaßen für den menschlichen Körper, der Nahrung in Energie umwandelt, Wärme oder Hitze bei Fieber erzeugen kann, sich aufgrund von Bewegungsenergie bewegt und selbst in den kleinsten Einheiten, den Zellkernen, energetische Kraftwerke besitzt. Unser Körper wird durch diese Kraftwerke mit Energie gespeist und am Leben erhalten.

Solange nun Energien messbar sind, ist deren Existenz gesellschaftlich akzeptiert. Jeder weiß, dass es radioaktive Strahlung gibt, doch noch niemand hat sie so in freier Natur jemals gesehen. Es besteht eine einhellige Meinung darüber, dass es sie und andere Energieformen gibt - eben weil man sie messen kann bzw. deren Auswirkungen erkennbar sind. Die Energie selbst kann keiner sehen. Jeder kann Wärme oder Kälte spüren, Druckwellen können wahrgenommen werden. Es gäbe noch unzählige Beispiele aus unserem Alltag, wie zum Beispiel Gegenstände, die wir täglich gebrauchen.

Schauen wir uns aber noch einmal den Menschen an: Wir haben den Bereich des Körpers bereits kurz erwähnt. Doch ein Mensch besteht aus mehr. Er lebt in einem Körper, er hat eine Seele und er ist Geist. Was ist das mit der Seele? Jetzt wird es für viele Menschen schon heikel und dabei scheiden sich bereits in unserer Gesellschaft die Geister. Die Seele ist ein in der Gesellschaft weitgehend akzeptiertes Phänomen. Und doch weiß keiner, was sie ist, wie sie aussieht und wo sie herkommt. In der Regel wird die Seele nur ungern und mit Samthandschuhen angefasst. Manche glauben auch nicht an die Existenz einer Seele. Wenn alles auf dieser Erde aus Energien besteht und von Energien beeinflussbar ist, dann gilt das auch für die Seele. Ich gehe an dieser Stelle mal davon aus, dass du akzeptierst, dass es die Seele gibt (auch wenn sie nicht sichtbar ist). Ansonsten solltest du an diesem Punkt mit dem Lesen dieses Buches aufhören.

Man kann aber auch die Seele sichtbar machen. Dazu bedarf es allerdings keiner technischen Apparatur, sondern der Mensch selbst ist das Instrument dafür.

Ich behaupte, dass unsere Seele so etwas,
wie ein energetischer Speicher und Transformator ist,
die Energien aus dem Unsichtbaren in etwas Sichtbares
umwandelt und durch den Körper ausdrücken lässt.

Die Seele und unser Körper sind der Ausdruck unserer Gemütsverfassung. Lachen empfinden wir als positiv, weinen eher als negativ. Aggression drückt sich genauso aus, wie Liebe oder Freude. Lachen beansprucht unzählige Muskeln im Gesicht, bei heftigen Lachanfällen sogar den kompletten Körper. Das ist pure Bewegungsenergie. Doch irgendwo muss die Initialzündung für das Lachen und damit die Bewegung ja herkommen.

Ein weiteres wichtiges Beispiel, das unseren Alltag bestimmt, sei hier noch aufgeführt: Geduld und Ungeduld. Ein ungeduldiger Mensch erscheint nervös und gereizt. Das äußert sich im Körper als Folge des seelischen Ausdrucks durch einen Bewegungsdrang (Bewegungsenergie). Geduldige Menschen hingegen strahlen eher Ruhe und Frieden aus. Der Körper und die Seele dieses Menschen wirken für den Beobachter weniger aktiv (Ruheenergie). Das sind auch in der Physik zwei gebräuchliche Energiebeschreibungen. Der eine Zustand (Ungeduld) wird als unangenehm empfunden, der andere (Geduld) eher als etwas Angenehmes. Zwei Arten von Energien also, die auf diesen Menschen einwirken und im Äußeren eine Wirkung hervorrufen. Das können nur Energieformen sein, die scheinbar aus dem Nichts kommen.

So, und da ist nun das Dilemma: Dieser energetische Ursprung ist bislang nicht gemessen worden, demzufolge ist er auch nicht bekannt auf diesem Planeten. Aber es muss ja eine Energieform sein. Denn Energie kann nicht einfach aus dem Nichts auftauchen, sondern muss einen Ursprung haben. Das haben die Naturwissenschaftler im sichtbaren Bereich bewiesen. Schauen wir mal, wo uns das hinführt!

Der Ausdruck der Seele bestimmt im Alltag und auf der Arbeitsstelle den Umgang miteinander. Menschen mit „guten" seelischen Ausdrücken begegnen wir lieber als Menschen mit „schlechten" seelischen Ausdrücken. Wir alle kennen die Sätze: Der verbreitet mal wieder eine schlechte Atmosphäre bzw. die verpestet mal wieder die Luft. Im positiven: Der sorgt immer für gute Laune bzw. die ist eine richtige Frohnatur. Es gibt also scheinbar Energien, die guten Ursprungs sind und Energien, die die Luft verpesten! Auch das ist für den Menschen, obwohl nicht technisch messbar, wahrnehmbar. Für sehr sensible (sprich feinfühlige) Menschen sogar noch schneller und intensiver.

So, wie Energie unseren Körper erhält, treiben Energien im Unsichtbaren unsere Seele an, sich entsprechend im Körper auszudrücken. Schlechte Energien in der Seele machen krank. Das persönliche Erscheinungsbild wird schlechter. Man ist schlecht drauf und das kann im schlimmsten Fall bei Dauerzustand in einer psychiatrischen Erkrankung enden (z.B. Angstzustände, Depression, Burnout).

Deshalb behaupte ich:

Alle körperlichen Krankheiten und seelischen Verletzungen dieser Welt werden durch schlechte Energien verursacht.

Ein Körper, geleitet durch schlechte Energien, ist verletzungsanfälliger. Knochenbrüche und ähnliches sind Folgen von Konzentrationsmangel. Konzentrationsmangel bedeutet immer geistliche Unklarheit. Unklarheit und Mangel sind immer schlechte Energien.

Alle Krankheiten ohne erkennbaren äußerlichen Einfluss, wie z.B. Diabetes oder Krebs, sind immer Folgeerscheinungen von schlechten Energien, deren Ursache im geistlichen Bereich liegen und durch Seele und Körper auf uns einwirken.

Bei den psychosomatischen Erkrankungen suchen sich chaotische seelische Energiezustände einen Ausdruck im Sichtbaren, nämlich unserem Körper. Alles Geistliche strebt nach einem sichtbaren Ausdruck. Jeder sichtbare Ausdruck, den wir im Laufe eines Tages im Alltag wahrnehmen, hat ausnahmslos seinen Ursprung im Geist. Das gilt natürlich auch für die guten Energien. Gute Energien tanken die Seele auf, man ist gesünder, besser gelaunt, lebhafter, klarer und bewegt sich stabiler durch das Tagesgeschäft.

Doch wo kommt das alles her, was ist der Ursprung?

Liebe und Angst

Hier kommt nun die dritte Komponente ins Spiel. Der Mensch ist Geist.

Wenn ich mir den Zustand unserer Gesellschaft mit ihrer Ausbeutermentalität, der Habgier, den Krankheiten, den Verbrechen und der vorherrschenden Lieblosigkeit untereinander anschaue, dann komme ich zu der Überzeugung, dass der Ursprung dahinter eine wirklich schlechte Energie sein muss. Die Luft ist regelrecht verpestet und verseucht mit einer Energie, die all das bewirkt. Und selbst Werke, die vordergründig gut ausschauen, entspringen einer schlechten Energie (Egoismus, Manipulation), so lange sie nicht der Liebe Gottes entspringen.

Die Menschen werden kränker und kränker. Schon jetzt schwingen sich Depressionen, Stresssymptome und Burnout auf, im Ranking der Volkskrankheiten die ersten Plätze einzunehmen. Irgendeine Energie muss den Menschen beeinflussen, auf so was zuzusteuern. Ich glaube kaum, dass sich jemand freiwillig in solche Zustände begibt. Die Energie, die all das oben beschriebene bewirkt, ist die Angst. Angst ist die treibende Kraft hier auf der Erde, die Menschen und Unternehmen bewegt, die Politik, Wirtschaft und Kultur beeinflusst.

> *Die (noch) vorherrschende Kraft,*
> *die die Gesellschaft antreibt,*
> *ist die Angst.*

Was haben wir dem entgegenzusetzen? Es wird bereits überall nach etwas gesucht, was uns weniger ängstlich sein läßt.

Jeder auf seine eigene Weise.

Aus der Physik weiß man, dass stärkere Energieformen, schwächere überlagern bzw. verdrängen. Also muss es auch hier eine Energieform geben, die die Angst überwindet. Das ist die Liebe oder anders ausgedrückt: Ein Vertrauen in das „Urgute", das sogenannte Urvertrauen. Jeder kennt diesen Ausdruck. Und dieses Urvertrauen kann nur göttlichen Ursprungs sein. Ich schätze, dass spätestens bei diesem Satz jeder Wörter, wie Kirche und Religion im Kopf hat. Doch das ist damit nicht gemeint. Ich spreche hier nicht von Institutionen oder gesellschaftlichen Bereichen, sondern einzig und allein über Energieformen, die aus dem Göttlichen (Liebe und Vertrauen) oder aus dem Weltlichen (Angst und Misstrauen) entspringen.

Hinter der sichtbaren Fassade (Körper) und dem nicht sichtbaren Konstrukt der Gemütsverfassungen (Seele) gibt es eine Kraft, die diese beiden Bereiche leitet und lenkt und somit jeden einzelnen Menschen auf diesem Planeten tagtäglich zu Gedanken und daraus resultierende Handlungen bewegt: Der geistliche Bereich. Somit stellt sich die Frage der Vorherrschaft!

Da wir uns zunächst alle in der Welt bewegen, sind wir zuallererst der Atmosphäre der Angst ausgesetzt und unser Leben entwickelt sich von Kind an auf diesem Fundament mit den heutigen bekannten Auswüchsen. Wir schöpfen aus diesem stehenden, stinkenden Gewässer, weil wir nichts anderes kennengelernt haben. Doch was wäre, wenn uns die Möglichkeit gegeben wäre, eine wirkliche Quelle anzuzapfen. Eine klare und reine Quelle, dessen Fundament die Liebe und das Vertrauen ist, eine göttliche Quelle, die sozusagen als viel stärkeres Gegenstück vorhanden ist, aber auf dieser Erde in unseren privaten und geschäftlichen Alltag noch nicht Einzug gehalten hat? Denn eines steht fest: Es muss diese Kraft geben! Sie ist der Ursprung aller positiven Kräfte: Die göttliche Liebe und das Vertrauen in das Gute. Eine starke energetische Kraft. Die stärkste energetische Kraft (und nichts anderes ist hier mit Liebe gemeint).

Man sagt umgangssprachlich: Die Liebe überwindet alle Hindernisse. Und genau so ist das. Die Liebe überwindet die Angst, ja sie treibt die Angst sogar aus, so dass sie ganz verschwindet. Probleme verschwinden oder werden mit Leichtigkeit überwunden. Der Umgang ist geprägt von Miteinander, statt Gegeneinander, von Hilfe und gegenseitigem Respekt, anstelle von Egoismus und selbstsüchtiger Manipulation des anderen.

Es geht mir in diesem Buch unter anderem darum, dass Bewusstsein zu fördern für Kraftwirkungen im Geistbereich. Denn alle Kraftwirkungen dort haben nur ein Ziel: Sich sichtbar zu machen auf dieser Erde. Damit nehmen sie direkten Einfluss auf Verhalten, Aufgaben und Tätigkeiten in unserem Alltag. Und somit haben wir es in allen Bereichen mit ihnen zu tun.

***Alles, was man in dieser Welt sieht und anfassen kann,
hat seinen Ursprung im Bereich des Geistes.***

Die Frage ist nur: Ist es nicht besser, sich einer Kraft zu bedienen, die alles zum Guten wendet, als einer Kraft, die alles zerstört und nur Unfrieden stiftet? Im Moment bedienen sich noch alle Menschen an der Theke der Angst, denn sie haben nichts anderes kennen gelernt. Doch in bin überzeugt, dass sich im Laufe der Zeit das Bewusstsein der Menschen ändert und sie sich dann immer mehr an der Theke der Liebe und des Vertrauens bedienen werden.

Alle Macht den Kindern?

D u wirst dich jetzt bestimmt fragen: Was hat das alles mit den weltlichen Bereichen und unserem Alltag zu tun? Das kann ich dir jetzt noch nicht verraten, da ich selbst zu diesem Zeitpunkt des Buches mich auf einer Reise befinde und mich nur zu Spekulationen hinreisen lassen würde. Außerdem glaube ich, dass die Gefahr zu groß wäre, dass du beginnen würdest, die Dinge anzuwenden. Du würdest sofort sagen: „Ach, so geht das. Das kenne ich. Na, dann mal los". Ich bitte dich also an dieser Stelle um Geduld (Achtung: Energie!). Dieses Buch führt dich genau dort hin, wo du plötzlich ein Bewusstsein bekommst, über dich, deine Aufgabe und den Erfolg in deinem Leben, der alle Bereiche deines Lebens erfassen wird. Es ist ein Zwischenschritt.

Zurück zu den Kindern.

Ich glaube, ein Kind kommt mit einem Urvertrauen auf die Welt. Wir alle sind mit diesem Urvertrauen geboren worden. Es kümmert sich um rein gar nichts, weiß einfach unbewusst, dass es versorgt ist und lernt in den ersten Monaten kennen, wer Mutter und Vater ist. Es erwartet nicht, es hofft nicht, es glaubt einfach oder weiß es einfach nur. Dahinter stecken weder ein bestimmtes Verhalten noch irgendwelche Absichten. Ich rede hier jetzt nicht von bestimmten Lasten, die aufgrund der gefallenen Natur auf den Menschen liegen und mit denen sie geboren werden. Das ist jetzt nicht das Thema. Vielleicht zu einem späteren Zeitpunkt.

Das Vertrauen wächst in die Personen, die das Kind beschützen und aufziehen (sollen). Ist dir schon einmal aufgefallen, dass sich Kinder ganz frei bewegen, neugierig sind und alles ausprobieren? Ist dir schon einmal aufgefallen, dass Kinder zunächst völlig angstfrei an ihre Umgebung herantreten? Kinder sind von Beginn an angstfrei. Sie scheinen mit diesem Urvertrauen, dem Vertrauen auf das Gute auf diese Welt zu kommen. Ohne, dass sie es wissen. Da muss es einen energetischen Ursprung geben und doch arbeitet von Beginn an die weltliche, zerstörerische Energie an Ihnen. Dies beginnt bereits im Mutterleib.

Dieses Vertrauen und das daraus resultierende Verhalten der Kinder ist eine Energie. Diese Energie - und das hat jeder schon einmal kennen gelernt - steckt uns Erwachsene an: Wir freuen uns, wenn Kinder sich freuen. Kinderlachen ist unendlich ansteckend. Wir bewundern Kinder für ihre Freiheit und Unbeschwertheit. Wenn Kinder sich wehtun, dann leiden wir um ein Vielfaches stärker mit, als bei Erwachsenen. Eltern berichten immer wieder von unsagbar großen Glücksgefühlen, wenn sie auf den Zeitpunkt der Geburt zurückblicken. Alles wird plötzlich zweitrangig und es ist das Schönste, was man bis dahin erlebt hat. Wir wollen instinktiv Kinder beschützen. Sie werden oft als das wichtigste Gut und als rein in unserer Gesellschaft beschrieben. Selbst in Gefängnissen sind Pädophile und Kindermörder unter den Schwerstverbrechern geächtete Leute, so stark ist die Wirkung und Energie der Kinder sogar unter Kriminellen. Die Energien der Kinder verursachen in uns Erwachsenen eine Wirkung in der Seele und es kommt zu den oben beschriebenen Reaktionen.

Doch wo kommt diese Energie her?

Ich behaupte, dass Kinder von Geburt an diese göttliche Energie in sich tragen und das leben, wonach sich die Menschen den ganzen lieben Tag lang - bewusst oder unbewusst - sehnen: Unbeschwertheit, Leichtigkeit und Lebensfreude.

Machen wir mal ein theoretisches Gedankenexperiment: Stell dir vor, ein solches Kind wächst in einer Umgebung auf, die völlig frei ist von einer verpesteten Atmosphäre. Umgeben von Eltern, die dieses Kind nur aufbauen und unterstützen, Hilfestellungen geben, wo es notwendig ist, weil sie die wahre Persönlichkeit erkannt haben. Sie tun das aber nicht, um eigene Ziele zu verfolgen, sondern sind nur ausgerichtet auf das Wohl des Kindes.

Das Kind ist umgeben von einer Gesellschaft, die mit den Eltern an einem Strang ziehen und die Eltern mit ihnen. Es ist umgeben von Erwachsenen, die das Kind als das akzeptieren, was es ist: Eine heranwachsende, eigenständige Persönlichkeit. Ohne wenn und aber. Sie erlauben, dass es seine Fähigkeiten und Potentiale frei entwickeln darf. Ohne negative Einflüsse von außen. Kein negativer Gedanke. Keine Energien, die manipulieren wollen. Kein Egoismus, sondern mit dem Fokus auf Unbeschwertheit, Leichtigkeit und Lebensfreude. Das Ergebnis wäre eine starke Persönlichkeit, selbstbewusst, liebevoll, ohne Vorurteile und voller Hilfsbereitschaft. Diese Personen würden automatisch all das, was sie kennengelernt haben, weitertragen und multiplizieren. Würdest du nicht am liebsten selbst in einer solchen Umgebung aufwachsen?

Ich sage dir:
Der Weg vom theoretischen Gedankenexperiment
zum praktischen Alltag ist bereits geebnet!

Die Realität zeigt aber noch genau das Gegenteil: Das, was Menschen an unseren Kindern so bewundern und sehen und sie so unendlich begeistert, werden sie und die Gesellschaft im Laufe der Erziehung durch Egoismus und Manipulation zerstören. Ich bin dabei nicht gegen Erziehung, denn Kinder brauchen Hilfestellungen.

Was sie aber nicht brauchen, ist angstvolles und manipulatives „Herumdoktern". Da erwachsene Menschen aber genau diesen Prozess selbst durchlaufen haben, können sie nicht anders, als unseren Kindern das gleiche anzutun. Die Energien, die sie verpestet haben, verpesten auch unsere Kinder. Sie multiplizieren das, was sie kennengelernt und für sich als die Wahrheit angenommen haben.

Die Energie der Angst ist es, die das beschriebene Gedankenexperiment in der Praxis (noch) zum Scheitern bringt. Die Menschen projizieren automatisch ihre Ängste auf unsere Kinder und zwängen sie in ein Korsett der Vorsicht. Sie projizieren automatisch ihr eigenes Versagen auf ihre Kinder und üben Druck aus, damit sie erfolgreich werden. Damit weichen sie ihrem eigenen Versagen aus. Die Facetten sind so zahlreich, wie die Erfahrungen, die Eltern gemacht haben. Welche Energie steckt dahinter: Angst in unterschiedlichen Intensitäten und Ausprägungen. Sie meinen es - mit einigen Ausnahmen - gut und merken nicht, dass sie sich ihre Probleme in allen Bereichen des Lebens selbst heranziehen. Weil sie nicht anders können, weil Angst diese Welt beherrscht und sie ihr ausgesetzt sind. Unsere Kinder werden automatisch in das energetische Feld der Angst hineingezogen und kommen mit dem Älterwerden zu der Überzeugung, dass das die Realität ist.

Doch es gibt sie, diese Angstfreiheit. Es gibt das Urvertrauen. Wir haben es nur vergessen. Die Kleinkinder beweisen das: Diese gute Energie ist unter uns! Und sie ist nicht nur durch die Kinder unter uns, sondern auch durch dich. Du stehst in dem Bewusstsein auf, dass die Atmosphäre von schlechten Energien gereinigt werden muss. Du stehst in dem Bewusstsein auf, dass es möglich ist, auf das Urvertrauen in uns zurückzugreifen. Du bist der - oder diejenige, die aufsteht in diesem Bewusstsein. Einem Bewusstsein, das etwas getan werden muss, um die Atmosphäre zu reinigen. Du hast das längst erkannt und bist ein Pionier. Du bist diese Person, du bist diese Persönlichkeit. Der Ursprung des Wortes Person liegt im Griechischen und bedeutet „Durchscheinen, durchtönern". Durch dich kommt diese gute Energie des Urvertrauens hervor.

Deine Aufgabe ist es, Unbeschwertheit, Leichtigkeit und Lebensfreude in unserem Alltag, sprich in der Gesellschaft, in den Familien und am Arbeitsplatz wirksam werden zu lassen. Dann werden die Menschen ein leichteres und glücklicheres Leben haben. Wenn wir diese Energien an die Macht kommen lassen, dann wird der Umgang untereinander ein Miteinander sein, anstatt eines Gegeneinanders. Es beginnt bei dir und mir.

Das wird sich auf die Welt übertragen. „Werdet wie die Kinder" meint in dem Zusammenhang nicht, dass wir kindisch und verantwortungslos werden sollen. Kinder dürfen kindisch sein und brauchen zunächst keine Verantwortung übernehmen. Sondern es bedeutet, dass wir uns immer mehr diesem Urvertrauen und der Unbeschwertheit zuwenden. Dann liegt unser Leben nicht wie eine Last auf unseren Schultern, sondern wird ganz leicht und unbeschwert. Dann können wir auch Lasten auf den Schultern der Menschen entfernen und ihnen dieses „leichte Joch" verpassen.

Machtverhältnisse

Die Menschen würden sich an dieser Stelle fragen, wie man denn nun an die Quelle des Urvertrauens kommt, wie man diese anzapfen kann? Denn schließlich sind sie ja keine Kinder mehr, waren in der Regel seit Jahrzehnten der Atmosphäre der schlechten Energien ausgesetzt und sind durch alle möglichen Einflüsse von außen manipuliert worden, so dass sie ihre eigene Identität verloren haben. Ein Ausbilder von mir sagte einmal, dass jeder von uns als Kind sich seiner Identität einmal bewusst war und seinen Traum ganz genau kannte! Die wenigsten, bis niemand, sind sich dessen noch bewusst. Doch es geht noch weit darüber hinaus.

Betrachten wir uns zunächst einmal den sichtbaren Bereich. Dort ist klar, welche Energie vorherrschend ist. Es ist die Angst. Nur sie bewirkt, dass wir vor Problemen in allen Bereichen der Gesellschaft stehen: Die Familien sind weitestgehend mit all ihren Tabus und Geheimnissen sich selbst überlassen, in der Politik bewegt sich ein Geist von Korruption und Machtmissbrauch. In der Wirtschaft regiert Habsucht und Profitgier. Die religiösen Einrichtungen sind eine Brutstätte von komischen, leblosen Ritualen, okkulten Praktiken und Geheimniskrämereien, die keiner versteht und niemand in der Praxis anwenden kann und will. Und zu allem Überfluss schlittern wir in einigen Regionen dieser Erde in Kriege hinein oder zumindest haarscharf daran vorbei. Ganz zu schweigen davon, dass sich so langsam aber sicher unsere Erde und die Natur gegen die selbstsüchtige Ausbeutung wehren. Kurz und knapp ist das eine Bestandsaufnahme unserer Situation. Und in dieser Atmosphäre versuchen die Menschen sich zurechtzufinden, ja nicht zuletzt einfach zu überleben.

Die einen schaffen es besser,
die anderen bleiben ganz auf der Strecke
und der ganz große Teil bleibt im Mittelmaß hängen,
ist unzufrieden mit sich selbst und übt sich in Ausweglosigkeit.

Doch es gibt eine zweite entscheidende Energie auf dieser Erde und sie ist in großen Schritten auf dem Vormarsch. Das ist die Liebe Gottes. Sie ist das Vertrauen in das Gute, in eine Energie, die alles auf diesem Planeten wieder herstellen kann. Diese Energie ist die stärkste, die es gibt. Sie fegt jede Angst aus dieser Atmosphäre. Mehr noch: Sie hat die Power, die Angst, die in uns hineingelegt wurde, zu entfernen. Sie macht alles schön in uns und um uns herum. Sie ist die Energie, die für alle Menschen eigentlich vorgesehen war, in der wir uns bewegen sollten. In dieser Energie verschwindet jede Habsucht oder Profitgier, Korruption oder Machtmissbrauch.

Herrscht diese Kraft vor, ist der Umgang miteinander liebevoll und respektvoll. Jeder bekommt Klarheit über seine Identität und seine Aufgabe. Da gibt es keine Grenzen mehr, die aus Angst abstecken, jemand anderes könnte einem was wegnehmen. Das braucht es dann nicht mehr. Wenn ich weiß, wer ich bin, was ich kann und was mir gegeben ist, dann schiele ich nicht nach meinem Nächsten, um ihm etwas wegzunehmen. Und so geht es dem anderen dann auch. Neid und Eifersucht hören auf und alles ist schön.

Ich habe mich in der Vergangenheit immer gefragt, warum es so viel einfacher ist, Dinge zu zerstören als aufzubauen. Ich habe mich gefragt, warum man im Kopf viel schneller und einfacher Katastrophenszenarien entwickeln kann, als gute, aufbauende Situationen. Das hat mit der zurzeit noch vorherrschenden Kraft der Angst zu tun. Jetzt ist mir das vollkommen klar.

In der Kraft der Liebe dreht sich das Ganze um und man sieht nur noch das Gute und Vollkommene und agiert auch so. Es handelt sich hier nicht um eine rosarote Brille, die wie eine Arznei, eine Droge oder Alkohol alles schön zudeckt und man dann genau da steht, wo man vorher war, nachdem die Wirkung verflogen ist. Nein! Diese Kraft der Liebe ist die Wahrheit. Einmal von ihr berührt, will man nichts anderes mehr. Ja, man kann nichts anderes mehr sehen. Eben wie Kinder, die am Anfang nichts Schlechtes in ihrer Umgebung wahrnehmen.

Wir sind an einem Punkt in der Zeit angekommen, an dem sich etwas ändert, an einem Wendepunkt sozusagen. Wo im Sichtbaren alles, aber auch wirklich alles immer schlimmer wird und händeringend nach Lösungen gesucht wird. Im Hintergrund bahnt sich schon diese allmächtige Kraft der Liebe und des Vertrauens ihren Weg. Sie durchdringt zunächst uns, dann unsere Nächsten, um dann immer weiter die Strukturen und Prozesse unseres Weltsystems zu durchwirken. Sie geht dabei nicht brachial und überfordernd vor, sondern sanft und liebevoll. Sie bahnt sich unaufhaltsam ihren Weg und übernimmt alle Bereiche unseres Daseins.

Du, der du diese Kraft kennengelernt hast und von ihr im Äußeren immer mehr eingenommen bist, wirst dabei das Transportgefäß sein. Dadurch wird sich diese Kraft freisetzen. Du bist schon da und du bist schon am Wirken. Denn so, wie die Kraft der Angst durch Menschen transportiert wird und eine entsprechende Wirkung hinterlässt, so kann auch die Kraft der Liebe und des Vertrauens durch dich in dieses Weltsystem transportiert und zum Wirken gebracht werden - und das um ein Vielfaches stärker.

Wir sind die Führungskräfte der Gegenwart und der Zukunft, die in Liebe und Vertrauen andere Menschen anleiten, indem wir unsere Energie weitergeben. Söhne, die Haushalte führen, selbstständig sind, Unternehmen leiten oder darin arbeiten. Du führst andere Menschen zum Erfolg und bewirkst unter Ihnen einfach nur Gutes mit dieser Kraft.

Religionsfreiheit

Ich plädiere für absolute Religionsfreiheit. „Haben wir doch in Deutschland", sagst du. Ich sage: „Nein - haben wir nicht, jedenfalls nicht in dem Sinne, wie es meinem und deinem Geist der Freiheit entspricht". Freiheit in der Liebe bedeutet jegliche Abwesenheit von Religion und Tradition.

Der Geist der Welt (Angst) lässt innerhalb der Religion zu, dass man sich entscheiden kann. Ob du dich für das Christentum, den Buddhismus, Taoismus, Hinduismus, für eine hausgemachte, familiäre oder interessenbasierte Religion (Vereine) oder für die Fortführung von Traditionen jeglicher Art entscheidest, spielt dabei keine Rolle. In der Welt bist du innerhalb der Religion „frei", die Art der Religionsausübung auszuwählen. Damit bist du eigentlich gar nicht frei. Selbst der in der Gesellschaft als Gottlosigkeit beschriebene Atheismus, stellt eine Ausübungsart von Religion dar und suggeriert nur eine Pseudofreiheit. Ob mit oder ohne Gott auf dem Etikett, Religion hat mit Gott nichts zu tun.

Religion ist die absolute Gottlosigkeit.

Die Religion hat es geschafft, den Menschen in ihren Situationen einen scheinbaren Halt zu geben. In der Not ist jeder froh, wenn er sich an etwas klammern kann. Das bietet die Religion, verschweigt aber die schädigende und abhängig machende Nebenwirkung: Den Treibsandeffekt. Sie zieht einen letztendlich immer wieder nach unten. Das kennt jeder von uns.

Die Menschen in der Welt kennen nur Religion und können auch nichts anderes wählen, wenn du ihnen nichts anderes anbietest.

Wie kann das auch anders sein, wenn du und ich die ersten sind, die die wahre Religionsfreiheit erst so richtig kennen lernen.

Obwohl die Religion heutzutage ausschließlich dem kirchlichen Bereich zugeordnet wird, so ist sie keineswegs nur darauf beschränkt, sondern überzieht wie ein Spinnennetz die gesamte Erde und wirkt in alle Bereiche des Alltags hinein. Ich hebe nun den Begriff der Religion auf ein neu definiertes Niveau und behaupte:

Die ganze Erde mit all ihren
kirchlichen und weltlichen Systemen ist religiös.
Demzufolge sind auch alle Teilsysteme darin religiös.

Sie sind deswegen religiös, weil der Geist dieser Welt dort das Sagen hat. Dort wo der Heilige Geist herrscht gibt es keine Religion. Die Erde ist eine religiöse Erde, wenn der Heilige Geist nicht das Sagen hat!

Dabei spielt sich Religion ausschließlich im Kopf ab. Alles, was aus dem (weltlichen) Verstand heraus geboren wird, ist Religion. Alles, was aus dem Innern deines göttlichen Seins heraus geboren wird, ist Leben. Das ist bei der menschlichen Geburt schon so. Du kannst ein Kind nicht im Verstand zeugen und gebären.

Aber, was ist Religion eigentlich?

Religion fängt prinzipiell da an,
wo ein menschlicher Gedanke entsteht,
der eine selbstsüchtige und manipulative
Absicht verfolgt!

Also ist jeder menschliche Gedanke,
der aus dem Einfluss des weltlichen Systems heraus entsteht
und in eine Handlung umgesetzt wird, Religion!

Sie ist damit ein geistlicher Rahmen, der vom Geist dieser Welt vorgegeben wird. Dieser geistliche Rahmen schreibt dir vor, wie du dich zu verhalten hast in bestimmten Situationen und Umgebungen. Er sagt dir, dass du dich innerhalb bestimmter Grenzen zu bewegen hast, damit alles seine Ordnung hat und so abläuft, wie es der Geist der Welt eben vorschreibt. Das ist die Manipulation, die das bewirkt. Dabei sind vorgeschriebene Abläufe, Strukturen und Handlungsweisen üblich („Das macht man so", „Der konnte nicht anders, als…", „Das war schon immer so").

Es ist dann nur logisch, dass sich in solch einem Korsett Interessengruppen zusammenfinden, die gleichgesinnt diese Religion betreiben und versuchen, sich das Leben so angenehm wie möglich zu gestalten. Diese setzen sich aus Menschen mit ähnlichen Ansichten, Erfahrungen und Traditionen zusammen. Sie spielen dann Einheit. Gleiches gesellt sich eben zu Gleichem.

Mit aller Klarheit und Nachdrücklichkeit behaupte ich:

Religion ist in ihrem Ursprung das absolute Übel in unserer Welt
und in ihrer Natur die Verdrehung jeglicher geistlicher Wahrheit.

Trifft ein Staatsoberhaupt, egal welchen Landes, Entscheidungen und steht nicht in der Liebeskraft und Freiheit des Heiligen Geistes, trifft es religiöse Entscheidungen. Richterliche oder anwaltliche Entscheidungen sind religiöse Entscheidungen, diplomatische Entscheidungen sind religiöse Entscheidungen, unternehmerische Entscheidungen sind religiöse Entscheidungen, sofern sie nicht alle in der Liebesnatur des Heiligen Geistes getroffen worden sind.

Alle Entscheidungen, die in der Welt in diesem Augenblick und in Zukunft von irgendeiner Person auf diesem Planeten getroffen werden, sind religiöse Entscheidungen, wenn sie nicht in der Kraft der Liebe und Freiheit des Heiligen Geistes getroffen werden.

Ich will dir die Tragweite der Religion und die Dringlichkeit unseres Auftrages als Söhne damit ein wenig näher bringen.

In einem Asterix - Band gab es mal einen Typen namens Destructivus (lat.: der Zerstörerische), der gezielt von den Römern eingesetzt wurde, um das Dorf der Gallier durch Gerüchte, schlechtes Reden und gegenseitiges Ausspielen zu entzweien. Die Gallier sollten dadurch dem Joch der römischen Legionen unterworfen werden. Er verdrehte alles, was er hörte und setzte es so gezielt ein, um die Bewohner zu entzweien. Was am Anfang wie ein Erfolg aussah (die Gallier prügelten sich halt gerne), endete am Ende wie immer im harmonischen Wildschweineessen mit allen, weil sie ihm auf die Schliche gekommen sind und sich ihrer Freiheit und Gemeinschaft wieder erinnerten. Nur Troubadix, der Barde, war wie immer geknebelt an einen Baum gefesselt. Aber die Rolle der Musik in der Welt ist sicherlich ein anderes Thema.

Bei der römischen Galeere, die Destructivus unterwegs mitnahm, hat es übrigens funktioniert. Sie haben sich selbst zerstört und das Schiff ist gesunken. So ein Destructivus ist die Religion! Sie zerstört einen selbst und richtet andere mit zugrunde. Und du gibst ihr eins auf die Mütze durch deine Liebe.

Und Religion ist noch etwas: Ein einziges Marionettentheater. Ich habe früher Musik von einer Heavymetal - Band gehört, deren eines Album „Master of Puppets" (übersetzt: Herr der Marionetten) hieß. Daran erinnerte mich der Heilige Geist und mir war sofort klar, dass der Geist der Welt, also die Religion, die Menschen wie Marionetten manipuliert und dorthin führt, wo er sie haben möchte: Zu trennen und zu zerstören. Ich stelle mir Gott manchmal vor, wie er vor einem Kasperletheater sitzt und - manchmal amüsiert und meist angewidert - zuschaut, wie sich die Menschen mittels Fäden an der sprichwörtlichen Nase herumführen lassen.

Die Brutstätte von Religion waren und sind immer noch die Kirchen, die mit schlechtem Gewissen, Schuldbewusstsein und zweifelhaften Moralvorstellungen den Menschen unendlich schwere Bürden über Jahrhunderte und Jahrtausende hinweg auf die Schultern gelegt haben und das, obwohl sie einen anderen Auftrag haben sollten - wenn sie denn je einen göttlichen Auftrag bekommen haben.

Viele Menschen treten zwar aus der Kirche aus und können mit deren Vorstellungen und Handlungen im Sichtbaren nichts mehr anfangen. Doch sind sie bereits, ohne es zu wissen, infiziert mit dieser religiösen Seuche und können nicht klar sehen. Selbst jemand, der nie mit irgendeiner kirchlichen Praxis in Berührung kam, ist infiziert von diesem religiösen Virus. Um das genauer auszuführen bedürfte es sicherlich eines eigenen Buches.

Bei folgender Behauptung lehne ich mich allerdings nicht sehr weit aus dem Fenster:

In den klassischen Kirchen ist das Zentrum
des teuflischen Wirkens zuhause.

Und dies wird in den sogenannten Freikirchen und New - Age - Religionen anders verpackt munter fortgesetzt.

Die Folgeerscheinungen sind Systeme, in denen Regeln, Vorschriften und Handlungen abgearbeitet werden, die bei Nichtbefolgung negative Konsequenzen und Strafen nach sich ziehen. Sie hinterlassen aber zumindest bei jedem einzelnen Schuldgefühle und ein schlechtes Gewissen, egal, wie klein und unscheinbar sie sein mögen.

Ich rede hier nicht von einer anarchischen Gesellschaft, in der jeder tun und lassen kann, was er will. Das würde im Moment so oder so in einem kompletten Chaos enden. Es geht mir um den Geist dahinter.

In der heutigen, religiösen Gesellschaft ist es notwendig, Regeln und Umgangsformen zu definieren, damit man sich zurechtfindet und einigermaßen miteinander klarkommt. Doch was wäre, wenn nicht mehr Angst, Schuld, Verdammnis und Menschengefallen das Fundament bilden, sondern Liebe und Vertrauen. Dann wird sich zeigen, dass die Regeln und Vorschriften gar nicht mehr so wichtig sind, weil jeder sich selbst kennt, den anderen respektiert und man sich gegenseitig vertraut. Man käme gar nicht mehr auf die Idee, irgendwelche Regeln zu brechen und jemanden zu verletzen, weil einem nicht mehr „der Sinn danach steht". In einer Atmosphäre der Liebe lösen sich alle Vorschriften und Grenzen auf, weil sich alles von selbst regelt. Die Liebe ist eine ordnende Energie. Die Folge davon ist Einheit und trotzdem eine Klarheit darüber, wer man ist, wo man hingehört und wie man sich verhält.

Der Heilige Geist ist nämlich kein Anarchist! Im geistlichen Bereich ist bereits alles geregelt und geordnet und zwar in Liebe,

Freude und Freiheit. Die Mächte der Religion sind im Bereich des Geistes durch Jesus, den Christus besiegt. Jetzt gilt es, diese Tatsache in die Praxis umzusetzen. Durch dich. Durch deine Liebe, Ausstrahlung und Lebensfreude und frei von den Mächten, die den Menschen das Leben zur Hölle machen.

Religion zieht immer (energetische) Grenzen und trennt in unterschiedlichen Ausprägungen und Stärkegraden die Menschen voneinander. Energetische Grenzen bewirken dann auch immer sichtbare Grenzen: Bis hierhin und nicht weiter. Die stärkste Trennung, die der religiöse Geist auf dieser Erde vollziehen kann, ist der Mord. Eine solche Tat isoliert einen Menschen energetisch (und in seiner Konsequenz auch physisch) von allen und von allem.

Aber auch in den weniger krass ausgeprägten Formen, ist Trennung der Menschen untereinander der Alltag. Dort, wo der Heilige Geist dich platziert, ob in der Wirtschaft, in der Musik, in der Kultur, in der Politik, im Rechtswesen, an Schulen und Universitäten, dort, wo du hinkommst, verdrängst du diesen Geist der Trennung und etablierst eine Energie der Einheit. Die Menschen sehnen sich nach Einheit und Harmonie. Der Wellnesstrend der letzten Jahre und das verstärkte Aufsuchen der fernöstlichen Meditations - und Lehrpraktiken zeigen das ganz deutlich. Sie sind müde, den ganzen Tag ums Überleben kämpfen zu müssen, sondern wollen einfach nur innerliche Ruhe, damit Sie gut und in Freiheit leben können. Dort, wo du hinkommst, haben sie die Möglichkeit, genau diese Energie aufzunehmen und frei zu werden von Druck und Stress.

Das alles geschieht in Liebe und nicht in religiösen Vorstellungen und Handlungen, die sicherlich auch in uns noch nicht ganz verschwunden sind. Es ist aber nicht wichtig als der perfekte Heilsbringer in der Welt aufzutreten. Es genügt, einen Schritt voraus zu sein, um voranzugehen. Sie werden dir folgen. Mir ist so klar geworden, dass kein Mensch, der dir und mir und dem Leben begegnet, wissen muss, wer oder was dahinter steckt. Der religiöse Forscherdrang will alles sofort erklärt wissen. Es ist egal, ob Gott, Jesus oder Helmut, der Christus die Liebe auf diese Erde gebracht haben. Es ist sogar nicht einmal wichtig, dass Sie wissen, dass du derjenige bist, der sie in einem bestimmten Moment von Angst befreit, heilt oder was auch immer bewirkt.

Selbstdarstellungen, Prahlereien, Begründungen, Erklärungen und verstandesmäßige Strategien kennen die Menschen zu genüge. Von so was sind sie den ganzen Tag umgeben und haben genug davon. Sie wollen leben und glücklich sein und sind auf der Suche nach der Quelle des Lebens!

Da, wo du hinkommst, wirst du beobachtet werden und zwar ganz genau. Und wenn die Liebe sich freisetzt, wird sich das Leben und die Freude freisetzen. Und es wird genau bei den Richtigen passieren. Denn der Heilige Geist gießt nicht nach dem Gießkannenprinzip aus, um möglichst viel Erfolg zu haben, sondern sehr gezielt und sehr genau. So stellt er sicher, dass diese Energie an der richtigen Stelle, an der richtigen Person, zum richtigen Zeitpunkt ankommt und umgesetzt wird. Dafür arbeitet er mit dir zusammen und braucht dich auf dieser Erde. Das ist dein Auftrag, dafür schickt er dich in die Welt hinaus.

Wir können diesem religiösen Geist nur entgegentreten, wenn wir selbst frei sind von Religion und ein fortschreitend grenzenloses Freiheitsbewusstsein besitzen. Was es braucht ist Geduld. Das wird nicht von heute auf morgen gehen. Wir machen erst den Anfang und bereiten den Weg für nachfolgende Generationen.

Du wirst bei deinem eigenen Weg innen wie außen immer wieder auf religiöse Widerstände treffen. Sie werden versuchen, dich herauszufordern und zu stoppen. Menschen werden dir an dem Ort, wo du hinkommst, vorschreiben, wie du dich zu verhalten hast, sie werden deine Art und Weise, wie du bist und arbeitest, in Frage stellen. Sie werden versuchen, dir ihre Moralvorstellungen aufzudrängen oder dich sogar aus ihrem System heraus haben wollen.

Eins ist dabei wichtig: Du befindest dich nicht auf einem Kreuzzug. Du findest dich auch nicht auf einem Schlachtfeld wieder. Es gibt nichts zu kämpfen oder zu missionieren. Dein Stand ist deine Autorität, die automatisch immer stärker ausstrahlt, je freier du von religiösen Umklammerungen wirst. Was am Anfang vielleicht noch wie ein Kampf und Einknicken aussieht, ist in Wahrheit dein persönlicher Prozess zu wachsender Stärke im Heiligen Geist.

Es ist immer dieser religiöse Geist hinter den Menschen. Doch du stehst. Du zeigst Rückgrat und trittst dem entgegen. Dabei bleibst du immer ein Lernender, der sich geschmeidig durch unsere erstarrte Welt bewegt und somit der Liebe, der Freude und dem Leben den Weg bahnt.

Glaubenssprung

In allen Bereichen unserer Gesellschaft ist kein Umdenken erforderlich. Nochmal: In allen Bereichen unserer Gesellschaft ist <u>kein</u> Umdenken erforderlich!

Umdenken alleine reicht nicht aus, um die energetischen Machtverhältnisse in unserer Atmosphäre zu verändern. Etwas einfach nur anders zu machen, quer zu denken, Standpunkte zu verlagern oder Perspektiven zu wechseln sind einfach nur Bewegungen unter dem Dach der gleichen Atmosphäre. Wenn ich eine Sicht auf bestimmte Dinge habe, deren Ursprung die Angst ist, dann nützt es nichts, wenn ich meine Sicht ändere und etwas Neues ausprobiere, wenn der energetische Ursprung derselbe ist!

Die Gesellschaft ändert verzweifelt Sichten, versucht Dinge anders zu machen und neue Wege zu gehen, um für all ihre Probleme Lösungen zu finden. Sie haben die prinzipielle Notwendigkeit erkannt. Sie alle bewegen sich in dem gleichen Sumpf, nämlich der Angst. Dieser Sumpf sorgt aber dafür, dass auf der anderen Seite alles noch schlimmer wird. Das ist wie eine Katze, die sich permanent im Kreis dreht und versucht ihren Schwanz zu fangen. Nur, dass diese Katze sich dazu wie in einem Treibsand noch tiefer in den Sumpf hinein bewegt.

Nehmen wir als Beispiel einmal den Bereich der Wirtschaft. Handel hat in unserer Gesellschaft schon immer eine zentrale Rolle gespielt. In ihr findet man sehr ausgeprägt die mit am stärksten wirkenden Energien.

Ich behaupte, dass der Bereich der Wirtschaft
das machtvollste <u>weltliche</u> Instrument auf dieser Erde ist.
Er ist der Bereich mit der am meisten verpesteten Atmosphäre
und dem größten Manipulationsverhalten auf diesem Planeten.

Der Bereich der Wirtschaft durchdringt und beeinflusst alles. Im Gegenzug wird die Wirtschaft von allen anderen Bereichen entsprechend beeinflusst. Habsucht, Gier und Machtmissbrauch sind dort die treibenden Energien. Sie verursachen Ellbogenmentalität, Konkurrenzkampf und Kälte. Die Wirtschaft manipuliert die Politik durch Spenden, Lobbyismus, Schmiergelder und Korruption. Sie strahlt in gleicher Weise in die sogenannten karitativen Einrichtungen, kirchliche wie nichtkirchliche, sowie in die kulturellen Institutionen und macht sich die energetische Macht des Geldes zu nutze. Ziel ist es, Herrschaft und Kontrolle zu behalten. Sätze wie: „Ohne Moos nix los" oder „Money rules the world" verdeutlichen auf harmlose Weise, was eigentlich dahinter steckt.

Politik ist ohne das Einwirken der Wirtschaft nicht möglich, Wirtschaft nicht ohne politisches Verhalten. Sport ist ohne das Eingreifen der Wirtschaft nicht möglich, ebenso die Kunst, Musik und alle anderen Bereiche.

Das übergeordnete Steuerelement aber,
sozusagen der „Big Brother", ist die Religion!

Ich glaube, es gibt keinen Bereich, der durch entsprechendes Marketing nicht davon beeinflusst wäre. Gegen Marketing ist prinzipiell gar nichts einzuwenden, wenn da nicht eine zerstörerische Kraft am Werk wäre. Ganze Wirtschaftsbereiche oder zumindest einzelne Unternehmen können dabei einen derart großen Druck durch Sponsoring, Werbung oder Spenden ausüben, dass Einrichtungen und sogar einzelne Menschen an diesem Druck zerbrechen. Oder sie vergeben Arbeit in weniger entwickelte Länder und beuten dort im Namen der Globalisierung, Arbeitsplatzbeschaffung und Kostenminimierung die Arbeiter und Kinder aus. Es wird alles schön geredet und so hin gebogen, dass es scheinbar eine gute Tat für die ist, die dann das Geld einbringen.

Lügner lügen Lügner an.

Die alles zerstörende Energie dahinter ist die Profitgier und purer Egoismus. Dabei kann man ihnen keinen Vorwurf machen, denn die Menschen bewegen sich alle blind in einem Geflecht aus Lügen und können sich aus diesem Netz von alleine nicht befreien. Viele können die Wahrheit nicht erkennen, manche wollen sie allerdings nicht erkennen.

Dabei hat dieser Bereich so vieles zu bieten: Enorm viele Facetten an Arbeitsmöglichkeiten, Möglichkeiten zur Zusammenarbeit, Forschungen und Erfindungen, Plattformen, um seine Fähigkeiten und sich selbst zu entfalten und schließlich Geld zu verdienen, um ein materiell gutes Leben zu führen. Und was wäre, wenn jeder Bereich durch eine klare geistlich - göttliche Ordnung für sich selbst sprechen würde und selbstsüchtige, manipulative Werbung gar nicht mehr notwendig wäre? Du zeigst ihnen durch deine Energie, wie sie von dem Glauben an die Lüge zu dem Glauben an die Wahrheit wechseln können. Dadurch werden sie schrittweise sehend und alles wird sich ändern.

Gerade weil die Wirtschaft so eine zentrale Stellung in unserem Leben einnimmt, ist es aus meiner Sicht wichtig, dass dieser Glaubenssprung und damit eine Bewusstseinsänderung dort dringend

Einzug halten muss. Durch wen? Durch dich. Deine Aufgabe ist es, in diesen Bereich mit der Liebe hineinzuwirken. Denn nur die Liebe kann diese Zustände verändern und den alles zerstörenden Geist austreiben.

Wie geht das? Nun, die Frage ist ganz einfach zu beantworten. In dem du dich an die Position in der Wirtschaft durch den Heiligen Geist führen lässt, die für dich vorgesehen ist. Jeder in seinem Bereich mit seiner speziellen Identität, Ausstrahlung und seinen Fähigkeiten, bestimmte Arbeitsprozesse zu bewältigen. Die einen haben oder werden Unternehmen gründen, andere haben operative Führungspositionen bekleidet oder werden es noch, wieder andere haben Fachpositionen besetzt oder werden diese besetzen. Alles Weitere tut die Liebe durch dich. Wir durchdringen das System quasi von innen heraus. Wir drängen alle schlechten Energien aus dem Bereich heraus. Bei Kristallisationsprozessen in Flüssigkeiten benötigt es nur einen winzigen, mikroskopisch kleinen Keim, damit die ganze Flüssigkeit kristallisiert und ihren Zustand ändert. Oftmals wird dabei auch Wärme frei und der Inhalt kommt zur Ruhe.

Dein Sein und damit dein Wirken werden in Unternehmen den Glauben an diese kindliche Unbeschwertheit, Leichtigkeit und Lebensfreude auslösen und damit Änderungen im Bewusstsein hervorrufen. Es ist wichtig, dass die Liebe in die Wirtschaft und Gesellschaft und die weltlichen Familien Einzug hält und sich wohlige Wärme verbreitet. Du bist der Träger dieser Energie, besser noch: Du bist diese Energie und kannst sie entsprechend freisetzen und dich multiplizieren.

Wie geht das am Effektivsten?

Und tschüss!

Du kannst dieses System der Angst nur verändern, in dem du selbst frei bist von Angst. Du kannst der Religion nur mit Rückgrat entgegentreten, wenn du frei bist von Religion. Allgemein formuliert heißt das: Du musst frei von dem weltlichen System sein, um Veränderungen zu bewirken, um die Angst aus und um die Menschen herum auszutreiben und das Reich Gottes aufzubauen.

Die Devise lautet:
Ich bin dann mal eben weg!

Klingt einfach, aber ist es das auch? Ich will hier mit einem verbreiteten religiösen Paradigma aufräumen, das vor allem die (Frei-) Christen der Vergangenheit und Gegenwart zu noch schlimmeren Marionetten gemacht haben, als alle anderen. Sätze, wie: „Ich glaube an Gott, Gott und seine Liebe lebt in mir und wirkt durch mich. Die Welt ist schlecht und muss gerettet werden. Also nichts wie raus und jedem davon erzählen". Jeder, der es hören wollte, war wahrscheinlich eh schon „bekehrt". Der Gegensatz dazu: „Es ist eine Tatsache, dass ich geführt bin vom Heiligen Geist. Mir kann eh nichts mehr passieren. Der Meister, Jesus und Gott wissen, wo ich hingehen soll. Ich warte in der absolut passiven Hoffnung, dass irgendwas zu einem bestimmten Zeitpunkt passiert".

Wie kommen wir aus dem Dilemma raus? An dieser Stelle lasse ich dich damit mal alleine und wechsele das Thema. Dazu machen wir einen kurzen Ausflug in die Fliegerei.

In der Regel fliegen Verkehrsflugzeuge in der Atmosphäre mit Geschwindigkeiten zwischen 500 und 1000 km/h. Je höher sie fliegen, desto schneller und treibstoffsparender bewegen sie sich. Der Widerstand, der Tempolimit und Spritverbrauch vorgibt, ist der Luftwiderstand, der in der Atmosphäre herrscht. Mit der Höhe wird die Luft dünner, der Widerstand nimmt ab und damit sind höhere Geschwindigkeiten möglich. Jedes dieser Flugzeuge bewegt sich in einem Widerstandssystem und kämpft beim Fliegen gegen diesen Luftwiderstand an.

Merkst du, wie dein Verstand gerade mit diesem Thema überhaupt nicht zurechtkommt und versucht Zusammenhänge herzustellen? Religion!

Jetzt gibt es Flugzeuge, die einen so starken Antrieb haben (in der Regel Kampfjets), dass sie dieses Widerstandssystem kurzfristig durchbrechen können. Sie knacken mit ihrer Geschwindigkeit die Schallmauer. Physikalisch also dann, wenn der Widerstand der Luft urplötzlich nachlässt. Das hören wir als Knall und passiert ab einer Geschwindigkeit von rund 1200 km/h. Vereinfacht gesagt ist solch ein Flugzeug für einen kurzen Moment aus dem Luftwiderstand des Systems herausgetreten, bewegt sich aber immer noch im System der Atmosphäre der Erde der Erde und dessen Gesetze.

Um völlig aus der Atmosphäre und den ganzen Widerständen herauszutreten, benötigt man weitaus größere Energien. Der Weltraum kennt keine Widerstände. Dort herrscht Schwerelosigkeit und keinerlei Atmosphäre. Demzufolge sind dort keine Widerstände vorhanden, die Flugkörper bremsen können. Einmal im Weltraum angeschubst, bewegt man sich unendlich weiter. Um dorthin zu gelangen, braucht man eine ganz bestimmte Geschwindigkeit, die sogenannte Fluchtgeschwindigkeit von der Erde. Raketen müssen mindestens eine Geschwindigkeit von rund 40.000 km/h aufweisen, um der Atmosphäre und letztendlich der Anziehung der Erde zu entkommen - erst dann sind sie „frei" und können sich unseren schönen blauen Planeten aus der Ferne betrachten.

Genau so einen Durchbruch benötigen wir im geistlichen Bereich. Solange wir uns im System der religiösen, mit Widerstand durchsetzten Atmosphäre der Erde bewegen, werden wir nur schwer etwas ändern können. Wir fallen in unsere eigene und von außen aufgezwängte Verhaltensweisen zurück. Wir sehen quasi den Wald vor lauter Bäumen nicht. Also brauchen wir eine gewisse Energie, um uns heraus katapultieren zu lassen.

Was wir also brauchen ist ein richtiger Durchbruch!

Und jetzt kommt es: Wir haben diese Energie dafür in uns und der Geist wird solange in uns wirken, bis wir in jedem einzelnen Bereich unabhängig und frei sind und uns die Widerstände des Systems nicht mehr wie Marionetten tanzen lassen. Dann herrscht Schwerelosigkeit und damit Leichtigkeit. Der Schlüssel dazu ist die Liebeskraft. Die Kraft, die uns das Ganze in der Praxis anwenden lässt, ist die Autorität. Autorität ist Liebe auf der Bühne. Beide zusammen sind dein Herrschaftsausweis in der Welt.

Für jeden von uns bedeutet das in der Praxis etwas anderes und ist nicht untereinander vergleichbar. Wir alle haben unterschiedliche Hintergründe und waren oder sind noch durch das System unterschiedlich beeinflussbar. Wichtig aber ist: Jeder von uns wird diese Schallmauer durchbrechen und genügend Fluchtgeschwindigkeit bekommen, um aus dem System geistlich auszusteigen. Die Energie dazu muss nicht erst erzeugt werden. Sie ist bereits in uns vorhanden und wird wie bei einer Rakete stufenweise gezündet.

Was geschieht aber bis zum Durchbruch? Und da knüpfe ich an das vorherige Paradigma an. In dieser Zeit ist sehr viel Geduld gefragt (Achtung: Geduld ist eine Energie), Lernbereitschaft und Wille, auf den Geist zu hören. In dieser Zeit ist weder Aktionismus, noch lähmende Passivität gefragt. Es ist vielmehr dein ganz persönlicher Weg bis zu diesem Durchbruch. Es ist deine ganz persönliche Beschleunigung, mit deinen ganz persönlichen einzelnen Schritten und einem persönlichen Wechselspiel aus Warten und Gehen. Du brichst aus diesem weltlichen System aus: Schritt für Schritt, Widerstand für Widerstand und Energielevel für Energielevel. Es wird nicht diesen einen Durchbruch geben. Aber während du Schritt für Schritt durchbrichst, bist du bereits wirksam und hilfst dort, wohin du den nächsten Schritt machst.

Ich kann davon ein Lied singen, denn in der Vergangenheit war ich zunächst der Überzeugung, dass ich loslegen müsste, bis ich zum anderen Extrem gelangte: Abzuwarten auf meinen persönlichen „Big Bang". Letztere Überzeugung erwies sich bei mir als ziemlich hartnäckig. Aber während dieses Prozesses lernte ich immer mehr, den Geist und meinen Meister sprechen hören. Und ich lernte, meinem Innersten zu vertrauen. Schritt für Schritt ging ich vorwärts. Dabei durchbrach ich immer wieder kleinere und größere Widerstände von innerer Angst und äußerem Widerstand und nahm an Liebesenergie stetig zu, die um mich herum alles veränderte und weiterhin verändert. Und noch eines wurde mir klar: Alle Widerstände in der Seele sind nichts anderes als energetische Verbindungen zu Erfahrungen, Situationen und Personen, die deinen Weg im Laufe der Zeit kreuzten und so beeinflussten.

Stell dir dabei die Religion wie ein Mobile vor: Alle Teile des Mobiles sind miteinander verbunden. Zieht man an einem Teil, dann bewegen sich alle anderen und umgekehrt. Deine Seele ist zum Teil noch in dem Verbund eines Mobiles gefangen. Nun entscheidest du dich, diesen Verbund zu verlassen (v.a. irdische Familie und Traditionen), z.B. indem du eine bestimmte Entscheidung triffst im Innern. Nehmen wir einmal an, du entscheidest dich, zu deiner weltlichen Familie keinen Kontakt mehr aufzunehmen. Du willst ja frei werden. Das bleibt für die, die mit dir verbunden sind, nicht ohne Folgen! Was nun passiert, ist folgendes: Zum einen wollen sie verhindern, dass du diesen Verbund verlässt, da sie keine Lust haben, sich neu zu ordnen. So was ist immer anstrengend. Es wird manipuliert, dass sich die Balken biegen. Zum anderen kommen dadurch plötzlich energetische Verbindungen und deren Ursachen ans Tageslicht, die man unbedingt geheim halten wollte (Tabus, Geheimnisse, Praktiken, Verstrickungen etc.). Das will die Religion und deren Anhänger auf jeden Fall verhindern, denn das ist für alle äußerst unangenehm und soll weiterhin wie ein Krebsgeschwür im Dunkeln sein Unwesen treiben!

Das geistlich - religiöse System, das prinzipiell gegen dich als Sohn arbeitet, kommt nun stärker in Bewegung. Es entpuppt sich als Widerstand, den du als unangenehm wahrnimmst. Ängste kommen in dir hoch und werden gedanklich projiziert, doch nur für eine kurze Zeit. Denn du, gemeinsam mit dem Heiligen Geist und deiner geistlichen Familie trittst dem mit deiner Liebe und Autorität in dir entgegen: Du bist also stärker! Dies ist ein Prozess, der nach meinem jetzigen Wissensstand auch nicht aufhört, solange wir auf dieser Erde leben. Eins ist aber sicher: Deine innere Stärke und deine Herrlichkeit wird dadurch zunehmen und immer stärker in die weltliche Atmosphäre einwirken.

Wie geht das? Der Geist führt dich dabei in alltäglichen Situationen an deine ganz individuellen, seelisch - gedanklichen und auch körperlichen Grenzen, um dich freizusetzen. Gelangst du an solch ein energetisches Hindernis, hat der Geist bereits so stark an dir gearbeitet, dass du es ganz einfach überspringen und durchbrechen kannst. Die Schwelle ist dabei so niedrig, dass du mühelos darüber springen kannst. Das ist dann einfach! Bis dahin bleibst du geduldig und hältst die Angst vor dem vermeintlich Drohenden einfach aus - egal wie groß diese ist. Glaub mir, ich weiß, wovon ich spreche, wenn es darum geht, Ängste bis zu diesem Durchbruch auszuhalten! Und dann bist du einen Schritt weiter gegangen und noch stärker! Ein neues energetisches Level der Freiheit ist erreicht.

Also ist es einfach, denn das Wollen und das Vollbringen auf dem Weg dorthin bewirkt der Heilige Geist und nicht deine von früher geprägte, seelische Matrix. Diese Trennung lässt uns immer klarer sehen und hören und damit göttlich effektiv wirken.

> ***Wenn also der Weg das Ziel***
> ***und das Ziel die Liebe ist,***
> ***dann kann der Weg nur die Liebe sein.***

Das ist Mathematik. Einfach, oder?!

Echt jetzt?!

Lass dich einmal auf folgende Szene ein. Zwei Menschen begegnen sich und der eine sagt folgendes:

Der Eine (ganz gelassen): *„Hallo, ich bin, der ich bin!"*

Der Andere (unverständlich): *„Was?"*

Der Eine (noch gelassener): *„Ich bin, der ich bin!"*

Der Andere (etwas ungehalten): *„Ja, wie jetzt?"*

Der Eine (immer noch ruhig): *„Na, ganz einfach. Ich bin, der ich bin!"*

Der Andere (immer noch ungehalten): *„Und was soll das bedeuten?"*

Der Eine (wie gehabt): *„So halt!"*

Der Andere (Hals schwillt leicht an): *„Sag mir doch einfach, was du damit meinst!"*

Der Eine (wie wohl?): *„Schau mich an!"*

Der Andere (wie wohl?): *„So langsam reicht es mir. Sag mir, was du von mir willst!"*

Der Eine (verwundert): *„Nix!"*

Der Andere (nimmt einen tiefen Atemzug): *„Wie jetzt?"*

Der Eine (schaut freundlich): *„Ich will nichts von dir!"*

Der Andere (nimmt Anlauf): *„Was soll das alles bedeuten. Ich bin, der ich bin. Totaler Quatsch. Ich kann mir darunter nichts vorstellen. Du musst das alles schon genauer definieren und mir mitteilen, was du willst. Wer bist du überhaupt und wo kommst du her? Was hast du gemacht und wie bist du überhaupt zu dieser nichtssagenden Aussage gekommen?"*

Für einen religiös geprägten Verstand ist „Ich bin, der ich bin" wohl das Statement, das am meisten herausfordert. Immer, wenn ich mir dieses Gespräch durchlese, fragt sich mein Verstand: Was soll das? Da kann der religiöse Geist schon mal ausflippen.

Mein Verstand fragt sich gerade auch, ob solch eine konstruierte Szene eigentlich nicht der totale Quatsch und total peinlich ist, in so einem wichtigen und seriösen Buch zu erscheinen. Ein Buch, voll mit wichtigen Botschaften, die die Welt verändern werden. Die werden wohl denken: Der hat einen an der Waffel. Was will er denn damit ausdrücken? Das hab ich überhaupt nicht verstanden. Das kann ich so nicht stehen lassen. Es muss witziger sein, mit mehr Erklärungen und vor allen Dingen irgendwie realistischer, besser nachvollziehbar und nicht so aus der Luft gegriffen, also irgendwie … anders … oder?!

Nein!

Das Buch ist, wie es ist. Der Text ist, wie er ist. Die Botschaften sind, wie sie sind und vor allem: Ich bin, der ich bin! Was soll das Buch bewirken? Ich habe keine konkreten Vorstellungen. Was du daraus ziehst und wie es dich verändert? Ich habe keine Vorstellung und keinerlei Ahnung. O.K., ich wünsche mir, dass es dich verändert! Aber, wie!? Keine Ahnung. Das Buch macht, was es macht. Der Inhalt bewirkt, was er bewirkt. Die Botschaften treffen den, den sie treffen sollen. Welche Botschaften wen, wann und in welcher Situation treffen - keine Ahnung. Das Buch ist, was es ist. Echt jetzt!?

Einer meiner größten und wichtigsten Herzensangelegenheiten ist Echtheit.

Echt sein hat für mich was mit Ehrlichkeit und Respekt zu tun. Geben wir es doch zu: Wir alle waren und sind zum Teil noch Schauspieler auf einer großen Bühne, genannt Religion. Wir spielen Rollen und rezitieren einstudierte Texte. Wir beobachten unsere Umwelt von Kindesbeinen an und picken uns die Rollen raus, die zu uns passen oder - um es etwas therapeutischer auszudrücken - unser Überleben sichern. Nichts anderes machen Schauspieler. Sie studieren Texte, die sie dann auf Abruf wiedergeben. Sie machen außerhalb der Bühnen Feldstudien in der „realen Welt", um ihre Rollen möglichst authentisch wiederzugeben. Eine Katastrophe wird es, wenn der Sohn Feldstudien betreibt, sich diese zu eigen macht und sie mit seiner göttlichen Kraft verbindet, um eine Rolle zu spielen.

Höre auf zu schauspielern und werde der, der du bist. Ich weiß nicht, wer du bist, das weißt nur du. Ich weiß nur, dass du der bist, der du bist. Du bist ein Sohn, du bist Liebe, du bist Freude. Du bist all das, was dir verheißen wurde und noch vieles mehr. Was das konkret für dich bedeutet, ja das kann dir niemand sagen. Niemand anderes in dieser Welt kann dir sagen, wer oder was du bist. Viel zu viele in der Familie spielen noch Sohn. Sie spielen Liebe, Freude und Geduld. Das alles haben wir nicht nötig. Warum freudig spielen, wenn dir innerlich gar nicht danach ist. Warum versuchen zu lieben, wenn dich irgendwas richtig „ankotzt". Warum Geduld hervor quetschen wollen, wenn du irgendetwas sofort haben willst.

Es kam mal ein Sohn zu mir und ich fragte ihn: „Na, wie geht`s?" Unabhängig von seiner Antwort bemerkte ich, dass dieser Sohn mich anlog (ich nenne es bewusst so!). Daraufhin wurde ich echt sauer und ... Scherz beiseite! Ich bemerkte, dass es ihm überhaupt nicht gut ging in der Situation, in der er gerade steckte. Ich sagte ihm, dass er sich die jetzige Situation für sich eingestehen und nicht so tun soll, als ob alles in bester Ordnung wäre. Ich frage dich: Was ist schlimm daran, wenn es dir mal nicht gut geht? Was ist schlimm daran, wenn du manchmal ungeduldig bist? Was ist schlimm daran, wenn du manchmal noch wütend und ungehalten reagierst? Ich sage dir: Nichts. Da kann dich die Religion halt noch packen, na und? Das alles sind letztendlich Indizien für deinen Umwandlungsprozess.

Hör auf, dich selber mit einer Geißel zu verprügeln, wenn du mal wieder meinst, vermeintlich nicht richtig reagiert zu haben. Lass dich nicht von diesen Energien zu einem religiösen Hampelmann machen, der dir sagt, dass man sich bei WORT und GEIST eben nur lieben und freuen muss.

Stell dich der negativen Energie, die in deiner Seele noch tobt und versuche nicht durch Schauspielerei alles zu verdecken. Wenn du das tust, dann bist du schon mitten drin in der Religion. Du kannst dich ja selber fragen, ob du weiterhin so reagieren möchtest, oder frei davon und damit echt werden willst. Überlasse es dem Heiligen Geist, dich aus dieser Lüge in die Wahrheit zu führen. Wie er das macht, das ist völlig seine Sache, denn er weiß es am besten. Er ist, der er ist. Nur, wenn du dich dem, was in der Seele noch an schlechten Energien vorhanden ist, stellst, dann kommt es ans Licht. Alles andere ist Heuchelei.

Die Religion versucht es schön zu reden und zu verdecken. Sie tut alles an hektischem Treiben, damit es nicht ans Licht kommt. So lange es irgendwie nur geht, versuchen wir zu vermeiden, zu verdrängen und uns sogenannte Ersatzbefriedigungen zu verschaffen und lernen so Rollen, um mit all dem klar zu kommen. Besonders die letztgenannte Art der Kompensation ist eine besondere Masche der Religion. Sie deckt das zu, was eigentlich ans Licht gehört, indem sie dich lauter gute, für deine Seele gut anfühlende und zeitweise befriedigende Dinge tun lässt in allen möglichen Bereichen (Geld, Einkaufen, Essen, Hobbys, Freizeit, Urlaub etc.). All das will die Seele natürlich um keinen Preis loslassen, weil sie sich ja gut anfühlen und man ja dann sonst nichts mehr hat und man sich auch mal was gönnen muss - na, du kennst die Argumente sicherlich.

Der Geist wird dir zeigen, was wirklich dahinter steckt. Bitte ihn darum. Er will dir das alles nicht wegnehmen. Wenn es aber als Mittel zum Zweck dient, um dich deiner wahren Natur zu berauben, dann befreit er dich davon und lässt dich diese Dinge vorübergehend nicht mehr tun. Was dann folgt ist Genuss pur - ohne faden Beigeschmack, der mit der Zeit sowieso durchbrechen würde. Wie und wann es ans Licht kommt, ist alleine die Sache des Heiligen Geistes - aber immer in Zusammenarbeit mit dir. Er ist so vielfältig in seinem Wirken. Wundere dich nicht, wenn er dich durch eine Situation frei setzt, die deinem religiösen Verständnis nach eigentlich gar nicht geht. Vertraue dich ihm an. Selbst das Wollen vollbringt er. Du brauchst nur „JA" zu sagen. Den Zeitpunkt zeigt er dir auch noch. Es kann sein, dass es dann in deiner Seele ein wenig ungemütlich wird, aber nur für eine kurze Zeit. Im nächsten Moment bist du frei. Ich sage dir: Es gibt nichts Befreienderes, als nicht mehr schauspielern zu müssen. Oder positiv ausgedrückt: Echt zu sein. Das ist deine wahre Natur. Sie ist einfach, leicht und vor allem authentisch.

Ich bin ganz offen und ehrlich zu dir: Während ich dieses Kapitel schrieb, wurde mir zwischendrin richtig übel, aber es war genau jetzt der Zeitpunkt, über dieses Thema zu schreiben. Eigentlich wollte ich fernsehen, statt zu schreiben und schon kamen in mir Gedanken und Ängste hoch, dass ich das danach bestimmt nicht mehr kann und darf. Den Weg des Schreibens weiter zu verfolgen hat mich frei gesetzt.

Und noch etwas: Jeder negative Gedanke, jede Form von Angst, sei sie scheinbar noch so unbedeutend und irrational, ist zwar da, gehört uns aber nicht und muss weg.

Ich möchte dich ermutigen, echt zu sein und immer echter zu werden. Ich weiß, dass dazu manchmal auch viel Mut und Überwindung gehört, diesen Schritt zu gehen. Doch du hast einen Helfer an deiner Seite und es lohnt sich. Es wird immer einfacher und leichter und nur so können wir wirklich leben und lieben. Lasst uns untereinander und anderen gegenüber ehrlich sein. Dann begegnen wir unserem Gegenüber respektvoll und handeln in Liebe!

Inside Out

Wer sich ein wenig mit Sushi auskennt, der weiß, dass es verschiedene Arten von Zubereitungen gibt. Die geläufigste ist - einfach gesagt - eine Rolle, die mit Gemüse gefüllt ist. O.k., ich merke, einige von euch wollen es genauer wissen.

Hier also so was, wie ein Rezept: Eine kleine Kugel Sushi - Reis (spezieller Kleb - Reis) wird auf einer Bambusmatte ausgebreitet, ausgelegt mit einem Nori - Blatt, so dass ein kleiner Streifen entsteht. Auf diesen Streifen streicht man ein wenig Wasabi - Paste und legt Gemüse darauf - möglich sind Gurke, Zucchini oder Paprika. Dann wird das ganze mit der Bambusmatte eng zusammengerollt. Klingt einfach, aber um es perfekt zu können, gibt es die Möglichkeit, eine dreijährige Ausbildung zum Sushi - Meister zu machen, aber das nur am Rande.

Es gibt nun eine Rolle, die heißt Inside Out - Rolle. Dabei ist das, was normalerweise innen ist (also der Reis) außen angebracht und zusätzlich noch mit Sesamsamen verziert. Du siehst, wir nähern uns dem eigentlichen Thema. Was drin ist, muss raus. Während das bei Sushi jetzt nicht so kriegsentscheidend ist, sieht das bei dir schon anders aus.

Was drin ist, muss raus und was außen ist, muss weg!
Wir reden immer noch von Energien.

Deine irdische Erscheinung besteht vor allen Dingen aus zwei Komponenten, die ständig miteinander im Streit liegen. Deinem äußeren Menschen und deinem inneren Geist. Alles reduziert sich darauf, wer gerade das Sagen hat.

Das Außen kann man ganz gut mit einem Affen vergleichen, der auf deiner Schulter sitzt und dir ständig zu jeder Situation, der du begegnest, einen wertenden Kommentar abgibt. Er ist wahlweise freudig, ängstlich oder traurig über das, was er sieht und zieht dir andauernd am Ohr. Kurz gesagt: Er nervt! Der äußere Mensch kann nicht anders, als auf Erlerntes zurückzugreifen, es mit der in der Gegenwart erlebten Situation vergleichen und bewerten. Und zwar immer so, dass es für ihn selber passt.

Ich habe letztens in einer Sendung im Fernsehen gelernt, dass unser Gehirn ca. 1 Million Rechenoperationen pro Sekunde (!) durchführen kann. Ganz schön viel. Im Rahmen unseres religiös - manipulativen, weltlichen Systems hat unser Gehirn dabei nur eine Möglichkeit: Erlebnisse und Erfahrungen aus der Vergangenheit werden mit aktuellen Wahrnehmungen und Erlebnissen in der Gegenwart verglichen und bewertet. Die Schlüsse daraus werden dann auf die Zukunft oder auf Beziehungen mit anderen Menschen projiziert, um diese dann wieder so zu manipulieren, dass es passt. Was nicht passt, wird eben passend gemacht, ohne dabei zu merken, dass dann immer noch nichts richtig passt, weil ja ständig irgendwas Neues auf einen zukommt und wieder passend gemacht werden muss. Das ist der menschliche Alltag. Puh! Ziemlich anstrengend.

In seiner Genialität ist unser Gehirn in dem weltlichen System doch ganz schön beschränkt. Dreht es sich doch immer im Kreis und weiß eigentlich gar nicht, was die Wahrheit ist. Es ist aber ständig auf der Suche danach. Außerdem ist das pure Energieverschwendung, da die überwiegende Zahl der überlegten, kombinierten und geschlossen Annahmen überhaupt nicht zutreffen.

Ich bin echt froh darüber, dass wir unsere Gehirnkapazität nur zu zehn Prozent nutzen, wie Albert Einstein es einmal formuliert hat. Ich glaube, dass das bewusst ein von Gott installierter, wirklicher Schutzmechanismus ist, der zurzeit innerhalb der Menschheit wirksam ist. Ich glaube, sonst würde einem der Kopf förmlich explodieren, wenn noch mehr Gehirnkapazität für unsinnige und eigentlich unwichtige Kombinationen und Interpretationen der sichtbaren Welt benutzt werden würde. Wie bei Autos im Straßenverkehr ist unser Gehirn, was Geschwindigkeit angeht, abgeriegelt und nur für eine limitierte Höchstgeschwindigkeit zugelassen. Ich glaube aber nicht, dass unser Gehirn erschaffen wurde, damit wir mit zehn Prozent in der Gegend herumdümpeln und uns ständig im Kreis drehen. Es ist dafür vorgesehen hundertprozentig zu funktionieren - eben perfekt. Doch eine solche Funktionsweise wird in dem jetzigen weltlichen System nicht möglich sein.

Nur das, was in dir ist, hat die Fähigkeit, die Kapazität unseres Gehirns zu vergrößern und das ist die Liebe. In der Liebe wird alles wachsen und viel effektiver werden. Und nur in dieser Kraft werden diese unsinnigen, situationsbedingten Verknüpfungen aufhören und es kommt ein starker, reiner und höchst effektiver Strom zum Vorschein. Und genau der muss raus!

Kreativität und gedankliche Leistungen werden zunehmen, ohne aber dabei anstrengender zu werden. Genauso verhält es sich mit der körperlichen Leistungsfähigkeit. Mit zunehmender Liebeskraft, in jedem einzelnen von uns, wird sich all das kontinuierlich steigern. Dabei ist unser Gehirn nur ausführendes Organ und nicht der Lenker der Operationen. Der äußere Mensch wird dabei immer mehr abnehmen und der innere, von Liebeskraft nur so strotzende Mensch wird zunehmen. Damit sind die Tage und Taten des äußeren Menschen gezählt. Das ist das, wovon Johannes der Täufer sprach, als er sagte: „Ich muss kleiner werden, der andere (Jesus) muss größer werden".

In dem Verschwindungsprozess kommt es aber immer wieder zu Reibereien. Doch auch diese schwinden immer mehr und werden weniger. Du lernst dabei, deinem Innern zu vertrauen und dem, was sich im Äußeren noch regt, immer weniger Beachtung zu schenken. Es ist das absolute Vertrauen auf die Liebeskraft in dir, die dich leitet und führt: Und das immer richtig, genau und höchst effektiv.

Die Welt baut auf Intelligenz. Wer weniger intelligent ist, ist in diesem System ganz klar im Nachteil. Die Söhne bauen nicht auf Intelligenz. Die Arbeit und Leistungsfähigkeit des Gehirns ist dabei zweitrangig und nur ein Ausdruck der Liebe. So ausgestattet, bist du der Welt meilenweit überlegen und hast Lösungen für die Menschheit parat, an die du in deinen kühnsten Träumen nicht zu denken wagst. Nur so ist es möglich in das System einzugreifen und es grundlegend zu verändern, weil du mit dieser Fähigkeit außerhalb des Systems stehst. Dabei bist du nicht arrogant oder überheblich, hältst aber auch nichts zurück. Du setzt es genau so ein, wie es dein innerer Geist für richtig hält.

Die Folge davon ist, dass im Laufe der Zeit der dir innewohnende Geist den äußeren Menschen immer mehr übernehmen wird. Dann ist es egal, welcher Teil gerade aktiv ist, denn es ist nur noch einer aktiv. Der Liebesmensch. Und das bist dann wirklich du.

Offenheit

Ein Wesenszug eines im göttlichen Sinne liebenden Menschen ist die Offenheit.

Was heißt das genau?

Offenheit bedeutet: Unvoreingenommenheit, eine Interaktion ohne Vorverurteilung, Interpretation und Bewertung. Kein Mensch auf dieser Welt ist wirklich offen. Der ein oder andere interessiert sich vielleicht für etwas mehr als seine eigenen Probleme und Umgebung. Das beweisen die zahlreichen Hilfsprojekte, ehrenamtlichen Tätigkeiten und Freizeitbeschäftigungen. Ich behaupte aber:

Kein Mensch auf dieser Erde ist im göttlichen Sinn offen.

Er kann es auch gar nicht sein, da ihm die Energie fehlt, ohne Vorverurteilung zu interagieren. Ein, in einem religiösen System gefangener, Mensch kann nur innerhalb seiner persönlichen, vom System manipulierten Komfortzone offen gegenüber sich selbst, anderen Menschen und Situationen sein (siehe Kapitel: Echt jetzt?!).

Das religiöse System ist eine „Trennungsfabrik". In ihren Werkshallen wird soviel schlechtes Material produziert und schön verpackt an die Menschen verkauft, dass sie gar nicht merken, was sie da eigentlich an Trennmitteln in ihren Händen halten.

Ich greife hier mal auf ein extremes Beispiel zurück. In den 20 und 30er Jahren des letzten Jahrhunderts wurden die Einwohner Deutschlands von Hitler und der NSDAP derart eingelullt, dass nur die wenigsten ahnten, was da eigentlich auf sie zukam und auf welche Zerstörung und Isolation Deutschland zuraste. Das religiöse System drückte die Knöpfe seines eigenen Systems und nutzte das aus. Eine ziemlich perfide Maschinerie.

Ich verfolge seit geraumer Zeit die Geschichte des zweiten Weltkrieges, ohne dass ich mir das vorgenommen oder mich jemals irgendwie dafür interessiert habe. Und ich frage mich immer wieder, wie dieser Hitler getickt hat. Ohne darauf zum jetzigen Zeitpunkt eine vollständige Antwort zu haben, stellte ich jedoch bei mir folgendes fest. Ich wurde zunehmend neutraler gegenüber der Person Hitler und seinen Gefolgsleuten, dem Namen und dem ganzen Geschehen. Das heißt nicht, dass mir das ganze egal ist und ich da irgendetwas befürworte. Ganz im Gegenteil. Aber ich bemerkte eine Offenheit diesem Thema gegenüber, die es mir ermöglichte, hinter Teile der Fassade der geistlichen Geschehnisse zu sehen. Ich blieb immer weniger in seelischen Reaktionen hängen. Ich reagierte nicht mehr so erschüttert oder ärgerlich und wurde emotional getrennt davon. Die ganze Thematik und alles, was damit zusammenhängt, ist bis heute verständlicherweise derart emotional belegt, dass eine wirkliche Offenheit und Sicht gar nicht möglich ist.

Für uns Söhne ist aber gerade die Offenheit und Unvoreingenommenheit extrem wichtig, wenn wir das System verändern wollen. Man kann nicht helfen, wenn man emotional involviert ist. Dann steckt man selbst tief drin. Du kannst keinem durch den zweiten Weltkrieg traumatisierten Menschen helfen, wenn du auf seine Erfahrungen und Erlebnisse emotional reagierst und selbst total erschüttert bist. Dann kann die heilende Kraft der Liebe nicht zu dem fließen, der geheilt werden soll. Also brauchst erst du eine Freisetzung und Heilung.

Und ich gehe bezüglich der Offenheit noch einen Schritt weiter.

Offenheit im göttlichen Sinne
ist das absolute Gegenteil von Sektiererei!

Die Religion hat ihr Meisterstück der Trennung in der Schaffung von Kirchen, Geheimbünden, Vereinigungen, Interessengruppen, Ländern usw. abgeliefert. Sobald du gegenüber anderen nicht offen bist, bist du ein Sektierer. Entweder allein oder in Gruppen, die sich dann gemeinsam zusammenschließen und beschließen, nicht offen zu sein. Das geschieht oftmals gar nicht verbal und bewusst. Wie zeigt sich das? Sie vertreten ihre Meinungen und Angelegenheiten manipulativ nach außen hin und versuchen andere von sich zu überzeugen und Befürworter zu finden. Das kann aber nur durch geschickt eingesetzte Aktionen und Rhetorik erreicht werden. Man nennt das dann Überzeugungskraft. Das ist die geistliche Definition einer Sekte!

Ich kann hier über verschiedene Sekten reden, wie den kirchlichen (Freikirchen, Katholiken, evangelische Kirche, religiöse Terrorgruppen etc.), den wirtschaftlichen (mafiöse Vereinigungen, Banken, Industrieverbünde, sogenannte Elite - Klubs, Lobbyisten etc.), den kulturellen (verschiedene Musik - und Kunstrichtungen etc.), den politischen (Debattierklubs, Parteien, politische Terrorgruppen etc.) bis hin zu territorialen (Ländern, Regionen, Städte, Gemeinden etc.). Es kann aber auch schlicht und einfach die weltliche Familie sein, wie bestimmte Adelsgeschlechter, Clans und Familie „Otto - Normalverbraucher".

Es gibt sicherlich noch weitere und darüber hinaus unendlich viele Untergruppen. Sie alle haben eines gemeinsam: Sie schließen sich zusammen in ihren Ansichten und vertreten diese manipulativ nach außen hin. Egal, wie hilfsbereit und offen sie sich zu geben scheinen. Sie sind letztendlich nichts anderes als seelische Interessengemeinschaften.

Du siehst, dass ich hier diesen Begriff der Sekte aus dem rein kirchlichen Bereich heraushebe und auf alle möglichen Bereiche in der Welt übertrage. Denn warum soll irgendetwas nur eine Sekte im kirchlichen Bereich sein, wenn doch alle unter dem gleichen Dach der Religion agieren, sich gegenseitig beeinflussen und die Praxis der Andersartigkeit immer nach den gleichen Prinzipien abläuft? Die Religion produziert ihren eigenen Nachwuchs. Sie delegiert ihre Macht an eigens gebildete, sektiererische Untereinheiten.

Nochmal: Ich rede hier von der geistlichen Definition einer Sekte. Nicht von dem, was die Welt darunter versteht. Ich möchte deinen Blickwinkel weiten.

Aber holen wir das Ganze doch ein bisschen näher heran, denn all diese Gruppierungen sind doch mehr oder weniger weit weg und dem ein oder anderen auch gar nicht geläufig.

Meine Frage lautet jetzt also: Was ist „WORT und GEIST" für dich persönlich?

- Ist „WORT und GEIST" für dich eine Ansammlung von Söhnen, die sich der Welt gegenüber verschließen und abgrenzen? Dann machst du daraus eine Sekte.

- Ist „WORT und GEIST" für dich die Gruppierung, die die Wahrheit erkannt hat und für sich behält? Dann machst du daraus eine Sekte.

- Ist „WORT und GEIST" für dich der einzige Ort, an dem Gott exklusiv wirkt? Dann machst du daraus eine Sekte.

- Oder ist „WORT und GEIST" für dich die Familie oder einzelne Personen daraus, die du für dich beanspruchst und mit denen du einen regen Austausch unterhältst? Dann machst du daraus eine Sekte.

Alles das würde dich nicht mehr offen der Welt gegenüber auftreten lassen, weil sie festgefahrene Verstandesstrukturen darstellen. Und sie lassen dich schlussendlich auch nicht offen innerhalb von „WORT und GEIST" bewegen.

Ich stoße hier bewusst in heißes Territorium vor, weil ich selbst bei mir merke, dass mir heiß wird. Denn plötzlich wurde das religiöse System wirksam, das mich innerlich und äußerlich gerade jetzt zu packen versucht, während ich das schreibe. Der religiöse Teufel regt sich auf, dass ich so was überhaupt schreibe. Der will das nicht, denn er weiß, dass wir sein religiöses System zur Strecke bringen werden. Und ein großer Dorn im Auge ist ihm die Freiheit von WORT und GEIST, seiner Akademie und deren Söhne.

Also, was ist WORT und GEIST für dich?

Mein Meister Helmut Bauer stellte mir diese Frage, als ich ihn einmal besuchen durfte. Er formulierte sie eher beiläufig und in einem Nebensatz. Ich hatte zu dem Zeitpunkt überhaupt keine Antwort für mich darauf. Diese Frage arbeitete aber irgendwie die ganze Zeit bei mir im Hintergrund, ohne dass mir das bewusst war. Ich kam im Laufe der Zeit zu folgendem Ergebnis: Für mich ist die WORT und GEIST - Kirche definitiv keine Sekte, da sie offen ist und zwar unvoreingenommen offen gegenüber der Welt und den gequälten Menschen darin. Das durfte ich erkennen.

WORT und GEIST ist kein Verein, keine Interessengemeinschaft, sondern eine geistliche Plattform. Sie ist für mich die, durch meinen Meister, verkörperte Liebe Gottes, dessen Ziel es ist, sich zu multiplizieren und dem religiösen Teufel den Garaus zu machen. Diese Plattform ist für mich ungekünstelte Lebensfreude, Ehrlichkeit, Vertrauen, Familie und Respekt. WORT und GEIST sieht die Not und schafft Abhilfe. Es gibt weder Vorverurteilung oder Voreingenommenheit, noch Manipulation. Sie ist für mich das, was mein Meister vorlebt: Selbstlosigkeit.

Meine Seele suchte nach einer Familie, nach Liebe, nach „sozialen Kontakten", Freunden. Sie suchte einfach nach einem physischen Ort der Geborgenheit. Doch der seelische Weg ist der beste Weg in eine religiöse Abhängigkeit zu geraten. Also nahm mich der Geist raus aus dem Ablauf der angebotenen Veranstaltungen und den entstandenen Strukturen, raus aus der Routine und aus der Gefahr, eine seelische Abhängigkeit zu entwickeln. Das war und ist mein Weg. Ich will die Unabhängigkeit von Strukturen, aber die Abhängigkeit von der Liebe. Ich will die Freiheit. Das bietet diese neue Kirche. Was ist dein Weg?

WORT und GEIST ist mitten in der Welt und doch getrennt davon! Es verschließt sich nicht, sondern verfolgt das Ziel, sich in Freiheit, Liebe und Offenheit zu multiplizieren.

Mir ist klar, dass auch sie sich in einem Prozess wiederfindet. Die Plattform befindet sich in einem Aufbauprozess. Mir ist klar, dass sich innerhalb und außerhalb unserer Veranstaltungen noch einzelne Lager bilden, seelische Interessengemeinschaften oder wie auch immer du sie nennen magst. Alles nicht schlimm. Wenn wir unseren Auftrag erfüllen wollen, dann ist es wichtig, offen zu sein und sich aus den seelischen Verbindungen hinausführen zu lassen. Weg von der Verführung und hin zur Führung durch den Geist. Das ist der Unterschied.

Es ist wichtig, offen und ohne Vorstellungen WORT und GEIST zu betrachten, ohne diese geistliche Liebesplattform auf Strukturen, Abläufe, Erkenntnisse und Erfahrungen festzunageln. Ohne zu beurteilen, wie sich jemand auf dieser Plattform bewegt und sie permanent um sich herum ausweitet. Die Hauptsache ist, dass er sich darauf bewegt und weiter mit ihr wächst! Und das ist so individuell, wie es nur sein kann, um dann in gleicher Weise in die Welt zu schauen. Dann erkennen wir, was los ist und zwar unvoreingenommen, egal, um welches Thema es sich handelt. Es wird schließlich alles verändert und nicht nur Teilbereiche.

Wenn man es genauer betrachtet gibt es gar kein „drinnen" und „draußen". Es gibt kein WORT und GEIST auf der einen Seite und die Welt auf der anderen Seite. Das Eine drinnen und das Andere draußen hat immer den Beigeschmack eines Vergleiches und bedeutet Trennung. Das Ziel ist aber die Einheit.

Auf dieser Liebesplattform bewegt sich jeder von uns individuell und trägt dazu bei, dass sie sich ausdehnt und die Welt durchdringt. Es gibt keine Grenzen und festgefahrenen Strukturen. Die alten Griechen hatten einen schönen Ausdruck: „Panta rhei - Alles fließt". Es fließt aber nur in die eine Richtung und nicht wieder zurück. Was einmal durch die Liebeskraft fortgespült wird, muss für immer weg bleiben, so einfach ist das. Es fängt bei dir an.

Keiner kann das jedoch alleine tun, deshalb werden wir durch unseren Meister, durch die Prophetin und durch unsere Geistlehrer höchst individuell zugerüstet und weiter geführt. Dabei läuft ein Prozess der permanenten Ausdehnung ab. Was nach außen hin so uniform durch die Veranstaltungen und Abläufe ausschauen mag, ist doch so speziell geführt durch den Heiligen Geist. So, wie sich das Universum immer weiter ausdehnt, so dehnt sich die „Liebesplattform WORT und GEIST" permanent aus.

Offenheit ist ein Fundament, ja, aber du musst dir nicht alles „reinziehen" und zu Gemüte führen, was in der Welt so passiert. Nicht alles ist für dich. Lass dich vom Heiligen Geist und deinem Inneren leiten und in eine Offenheit und Unvoreingenommenheit umwandeln, wie du sie noch nicht erlebt hast. Lass dich durch die Akademie immer weiter vorbereiten, um in der Welt effektiv zu wirken. Lerne in der Praxis, dich zu entwickeln und weiter auszudehnen. Höre auf zu verurteilen, höre auf zu beurteilen. Beweg dich frei und liebe!

W.Y.S.I.W.Y.G.

Bei den ersten Home - Computern, die auf den Markt kamen, musste man schriftliche Befehle eingeben, um ein Programm zu starten. Wollte man z.B. ein Textverarbeitungsprogramm starten, so musste man „start..." in die Befehlszeile eingeben und schon war man drin. Das alles war sehr umständlich, da man mehr oder weniger Computersprache lernen musste, um solche Dinger zu bedienen. Bei späteren Geräten ging das einfacher. Man schaltete den Computer ein und auf dem Bildschirm sah man kleine Symbole, die man nur anklicken brauchte - und schon war man im Programm drin. Die Hersteller nannten so was W.Y.S.I.W.Y.G. - What you see is what you get, oder übersetzt: Das, was du siehst, bekommst du auch. Das hat sich bis heute durchgesetzt und behauptet.

Ahnst du, worauf ich hinaus will?

Das menschliche Auge ist eines der komplexesten Körperteile, die wir besitzen. Filigran aufgebaut und unendlich spannend in seiner Leistung. Obwohl ich die Physik der Optik bis heute nie richtig verstanden habe, wage ich mich mal an das Organ „Auge".

Alles, was du mit deinen Augen in der Umwelt wahrnimmst, wird durch die Linse auf die Netzhaut projiziert und mittels Sehnerv an dein Gehirn gesendet. In Kombination mit abgespeichertem Wissen kann das Gehirn nun kombinieren und entschlüsseln, was du da siehst. Schaust du z.B. auf einen Stuhl, dann wird das Abbild des Stuhles durch die Linse auf die Netzhaut projiziert und diese Information wird an dein Gehirn weiter geleitet, nach dem Motto: „Auge an Hirn, Auge an Hirn. Ich hab da was gesehen". „Gehirn an Auge, Gehirn an Auge: Das ist ein Stuhl". Das ist zunächst eine ganz normale Verknüpfung. Du siehst einen Stuhl, du bekommst einen Stuhl. Du weißt, was du damit machen kannst. So weit, so harmlos. Jetzt können aber in deinem Gehirn noch andere Informationen zu dem Themenkreis „Stuhl" vorhanden sein, wie in einer Bibliothek. Wir erinnern uns an die Leistungsfähigkeit unseres Gehirns. In Millisekunden holt das Gehirn nun alle Informationen zum Themenkreis „Stuhl" aus allen möglichen Schubladen. Gleiche Prozedur. Nur jetzt kommen noch weitere Informationen hinzu und die Sache wird komplizierter.

Nehmen wir einmal an, du bist als Kind an einen Stuhl gefesselt worden und das war alles andere als angenehm. Jetzt bekommst du als Rückmeldung nicht nur „Das ist ein Stuhl", sondern auch noch „Oh, scheiße, ein Stuhl" und damit einhergehend eine emotionale Reaktion, in der Regel Angst. Nun hast du auch im Sichtbaren mehrere Möglichkeiten, was du mit dem Stuhl machen kannst. Ist das dann noch W.Y.S.I.W.Y.G.? Das, was du siehst, ist nicht das, was du bekommst, sondern, das, was du damit verbindest. Dabei ist es immer so, dass die stärkere emotionale Reaktion den Vorrang hat, weil sie die stärkere Energie darstellt. In dem Moment bist du blind für die eigentliche Sache und reagierst völlig unangemessen oder die Angst ist so groß, das du vor besagtem „Stuhl" wegläufst, ihn gegen die Wand schmetterst oder erstarrst. Dabei ist das doch nur ein Stuhl und wahrscheinlich auch noch ein ganz anderer, als der, auf dem du damals gesessen hast - gefesselt.

Wenn du dich in einem solchen Zustand in der Welt bewegst, dann hast du als Sohn keine große Effektivität in Liebe und Freiheit alles um dich herum zu verändern.

**Ich behaupte einfach,
die Söhne müssen unfähig und blind werden!**

Sie müssen unfähig werden in Bezug auf die Herstellung von Verknüpfungen im Gehirn, die nicht die Wahrheit abbilden und damit blind werden für alles Schlechte in dieser Welt. Die Art des Sehens muss sich ändern, damit du dich frei und unabhängig von dem System bewegen kannst. Die Blindheit, die Paulus widerfuhr, als er auf dem Weg - ich weiß gerade nicht wohin - war, steht für mich symbolisch für diese Art des Erblindens und neu Sehens. Das Sehen als Ergebnis von äußeren Eindrücken wird durch ein Sehen basierend auf einer Quelle, die aus dem Geist kommt, ersetzt.

Ich bat den Geist, mir ebenfalls diese Blindheit zu schenken. Das war in einer Zeit, in der mein Gehirn mit dem, was ich sah, verknüpfungsmäßig auf Hochtouren lief und ich wirklich am Rad drehte. Blind zu sein für diese Verknüpfungen, die mich daran hindern, zu sehen, was wirklich vor sich geht.

Milliarden von Menschen mit zig Milliarden Erfahrungen treffen auf Milliarden von Situationen und bewerten und interpretieren diese milliardenfach unterschiedlich. Dass es da hin und wieder mal zu Missverständnissen aller Art und einem Krieg kommen kann, wundert mich nicht. Und es wundert mich auch nicht, dass sich dann die Menschen in Interessengruppen jeglicher Couleur zusammenschließen, damit das eigene Leben einigermaßen auszuhalten ist und diese lästigen Verknüpfungen in einem erträglichen Rahmen bleiben. Das ist dann die persönliche seelische Komfortzone, die sich jeder schafft.

Man sagt: Die Augen sind die Fenster zur Seele. Ich gehe einen Schritt weiter und sage:

Die Augen sind die Fenster zum Geist.

In einem Lied einer Rockgruppe, an das mich der Geist gerade erinnert, heißt es zu Beginn eines Stückes:

„How can you see into my eyes like open doors, leading you down into my core where I've become so numb…". Übersetzt in etwa: *„Wie kannst du in meine Augen sehen, die wie offene Türen sind und dich in mein Herz führen lassen, wo ich so abgestumpft wurde".*

Die Ablenkungsmechanismen der Welt halten die Menschen an der Oberfläche, lassen sie abstumpfen und ihr Herz versteinern. Sie sehen nur das, was ihnen ihr Verstand und das religiöse System vorgeben. Sie sehen nicht mehr mit dem Herzen. Diese Fähigkeit haben sie mehr oder weniger verloren, weil sie blind für die Wahrheit geworden sind.

Doch du bist ein Sehender. Du siehst dahinter. Du siehst die Wahrheit. Du siehst in den geistlichen Raum, der in der Welt eigentlich nur einigen Wahrsagern, Hellsehern, sogenannten Medien und Esoterikern vorbehalten ist, die damit aber auch nur Zerstörung anrichten, da sie nicht wissen, wie sie sich im Geistbereich in Autorität und Liebe bewegen sollen. Viele meinen es gut, doch sehen sie in Wahrheit mit den Augen des Teufels, du hingegen mit den Augen Gottes.

Deshalb ist es so wichtig, sich freisetzen zu lassen von diesen Verknüpfungen - der irdischen Art zu Sehen. Der Heilige Geist wird dir diese einfach wegnehmen, indem er dich in Situationen führt, die deine irdische Sicht konfrontieren und du frei davon wirst. Du wirst immer unfähiger, auf diese Art zu sehen. Du wirst sozusagen blind dafür. Du wirst sensibler und entwickelst feine Antennen für das, was um dich herum und in den Menschen passiert, ohne dabei aber in deren Film hineingezogen zu werden. Du nimmst alles um dich herum wahr, „pflückst" es aber nicht mehr als deine persönliche Angelegenheit. Du pflückst dir also keinen Apfel mehr vom Baum der Erkenntnis. Du kannst immer klarer in den geistlichen Raum sehen, sozusagen in das Herz dessen, was Wort, was Geist und was dich ausmacht. Und gleichzeitig kannst du in das Herz und die Seelen der Menschen sehen und ihnen aus dieser Tretmühle heraushelfen. Dann bist du in der selbstlosen Liebe angekommen.

Du kannst all das Gesagte in diesem Kapitel übertragen auf das Hören, das genauso belegt ist, wie das Sehen. Ich verzichte daher auf ein Kapitel über Ohren.

Fantasiegebilde

Die Welt, in der wir leben, ist ein Konstrukt. Ein Gerüst, eine Matrix. Sie stellt sich dar, wie die Rückseite einer Filmstadt. Diese Stadt sieht auf der Vorderseite aus, wie eine echte Stadt - entweder aus einer erfundenen aufgebaut oder sogar einer existierenden nachempfunden. Doch wenn man dahinter schaut, ist alles nur „Fake", alles nur Fassade. Es hat keine Substanz, kein Innenleben, dahinter ist es nicht lebendig. Es dient nur der Illusion, um dem Menschen etwas vorzugaukeln und sie zu unterhalten - eine einzige Traumfabrik à la Hollywood eben. So ist es mit dem System dieser Welt. Das weltliche System ist eine billige Kopie, deren einzige Aufgabe es ist, die Menschen in einer Art Vergnügungspark bei Laune zu halten, damit sie schön abgelenkt sind, um nicht zu erkennen, wer sie sind und was wirklich in ihnen steckt.

Eigentlich will jeder tiefer gehen und sucht nach dem Sinn des Lebens. Viele fragen sich an einem bestimmten Punkt in ihrem Dasein: Soll es das schon gewesen sein? Habe ich wirklich alles erreicht, was mir auf dem Herzen lag? Ich glaube, dass den Menschen diese Suche nach Erfüllung, Frieden und Liebe tief hineingelegt wurde von Gott und dass sie unbewusst danach streben. Sie schaffen es jedoch nicht, sich aus dem teuflischen Konstrukt zu befreien, da sie in dem Vergnügungspark der Seele gefangen gehalten werden und oberflächlich in einem kleinen Radius um sie herum alles gut Aussehende bewundern und dann meinen, es sei die Erfüllung. Sie stellen jedoch nach kurzer Zeit fest, dass dieses Gefühl irgendwie nachlässt. Und schon ist der Herr dieser Welt mit seinen Gefolgsleuten wieder zur Stelle und schafft eine neue Ablenkung. So geht das immer weiter - ein ganzes Leben lang.

Bis zum Lebensende. Und dann kommt vielleicht die große Frage nach dem Sinn.

Mein sehnlichster Wunsch war es, immer zu wissen, dass ich, wenn ich irdisch sterbe, alles getan habe, was ich auf dieser Erde tun wollte. Ich wollte zufrieden, satt und erfüllt hier abtreten. Damals war ich oberflächlich bekennender Atheist und doch war dieses Verlangen in mir - ohne zu wissen, wo das herkommt und was das konkret für mich bedeutete. Es wundert mich immer mehr, dass die Menschen - und ich war ja in meiner Identifikation auch mal einer - das mit sich machen lassen. Wenn man sich so umschaut, passieren ja nicht nur schöne Dinge um einen herum, sondern auch Katastrophen. Da sind ja nicht nur Spaß machende Fahrgeschäfte am Laufen, sondern auch Angst machende. Und manchmal kann so eine Achterbahn schon mal aus der Kurve fliegen oder man erleidet vor lauter Schreck einen Herzinfarkt in der Geisterbahn.

Dieser Teufel der Trennung hat es in den Jahrtausenden geschafft, dass man alle sichtbar guten Dinge unbewusst ihm zuschreibt. Die Seele erholt sich in der Regel ja nach Tiefschlägen wieder ganz gut, ist oberflächlich zufrieden und huldigt dem System, indem man Aussagen trifft, wie: Das Leben ist doch eigentlich schön. Und schon ist man wieder in der Verblendung. Was keiner merkt: Das, was sie so hoch heben, ist das Fantasiegebilde des Teufels - von den Menschen „Leben" genannt und von den Söhnen, also von dir und mir, als „der Tod" bezeichnet. Die Menschen werden eigentlich nach Strich und Faden verarscht.

Passiert dann doch ein Unglück - und auf dieser Welt passieren tagtäglich genügende - dann ist plötzlich Gott schuld.

„Wie kann er das zulassen?", „Gott straft uns für unsere Sünden", „Wenn es einen Gott gibt, dann..." sind dann die entsprechenden Aussagen.

Es ist der komplette Irrsinn:
Für alles Gute verehrt man den Teufel
und für alles Schlechte macht man Gott verantwortlich,
beschimpft ihn, macht ihm Vorwürfe.

Da ist die Verdrehung, da ist der Diabolo in seiner wirklichen Natur zu beobachten.

In dieser Matrix bewegen sich die Menschen in Abhängigkeiten und die Söhne in immer größer werdender Freiheit als Nachfolger des wahrhaft Guten, der selbstlosen Liebe und Freude.

Dabei ist die Energie der Angst, die dem allem zu Grunde liegt auf diesem Planeten, in einem Spiel aus Zuckerbrot und Peitsche, so groß und so geschickt eingesetzt, dass die Menschen es nicht schaffen, sich selbst zu befreien. Manche schaffen es, aus ihrem Dasein auszubrechen, aufgrund eines tieferen Einblickes. Doch sie brechen nur innerhalb eines sie umgebenden Fantasiegebildes in ein neues aus, um besser „leben" zu können. Oder nennen wir es einfach beim Namen: Besser Vegetieren zu können. Sie sind mehr oder weniger die Sonderlinge in der Gesellschaft, aber immer noch im System und der Matrix. Sie vegetieren in einer Ecke vor sich hin und hinterlassen keinerlei Bewusstsein. Wenn sich ihnen jemand anschließt, dann ist ein neuer Club gegründet, der zwar irgendwie anders ist, aber nicht wirklich frei seiner Wege zieht.

Und so wird das Fantasiegebilde am Laufen gehalten. Es ist alles Illusion um uns herum. Nichts ist echt. Alles nur Schein und Betrug.

Doch das Echte haben wir. Wir sind die Träger und Verbreiter der Wahrheit. Wir sind die Träger und Verbreiter der unendlich guten Energie, die die Menschheit aufatmen lässt. Wir reißen die Filmkulisse ein und gewähren den Menschen einen Einblick in die Wirklichkeit. Stück für Stück für Stück und so individuell wie möglich. Alles auf einmal würde keiner verkraften. Wir stellen den Menschen vor die Wahl, weiterhin das sie umgebende System als die Wahrheit zu betrachten oder sich das Wirkliche, das Echte anzuschauen und zu erkennen, was wirklich vorgeht! Das ist unsere Aufgabe, das ist das, was zu tun ist. Dafür bist du, ist die Familie auf diesem Planeten zusammen gekommen, um den Zaubertricks Einhalt zu gebieten und den Menschen ein Angebot zu machen, dass sie letztendlich nicht ausschlagen können. Sie sind alle auf der Suche nach dem, was du und ich durch unseren Gesandten 24 Stunden rund um die Uhr bekommen: Der Liebeskraft. In dieser Energie wird es keine Täuschungen, keine Tricks und keine Ablenkungen mehr geben. Nur noch Klarheit, Offenheit, direkte, damit liebevolle Ansprache und das Echte.

Alles, was du in der Welt siehst, gibt es auch im Geist. Ich weiß: Wir haben es immer so formuliert, dass die Welt ein Abklatsch des Geistes ist. Und das ist auch so und für die Bildung deines Bewusstsein als Sohn der erste richtige Schritt. Doch betrachten wir es einmal von der anderen Seite aus: Alles, was du in der Welt findest, findest du auch im göttlichen Geist.

Wie jetzt?!

In der Welt findest du Fantasiegebilde, deren echte und wirkliche Natur im göttlichen Geist liegt.

Fantasie	Wirklichkeit
Weltliche Gesellschaft verschiedener konkurrierender Staatsformen	Göttliche Gesellschaft als Königreich in Einheit und Liebe
Weltliche Freundschaften mit seelischer Nutzenorientierung	Göttliche Freundschaften in gegenseitiger Hochachtung
Weltliche Kindschaft mit elterlicher Selbstverwirklichung	Göttliche Sohnschaft in liebevoller individueller Potentialentfaltung
Weltliche Ehen, alle basierend auf Vater- und Mutterkomplexen	Göttliche Ehen in echter, intimer und respektvoller Partnerschaft
Weltliche Sexualität mit allen möglichen perversen Spielarten, Machtgehabe und Verletzungen	Göttliche Sexualität mit heiliger, inniger und tiefer Verbindung auf körperlicher Ebene
Weltlicher Beruf mit all seiner Selbstverwirklichung und persönlichen Kampf	Göttliche Berufung mit klarer, echter, göttlicher Daseinsberechtigung und Leichtgang
Weltliche Hobbys mit all ihren Ersatzbefriedigungen und Fluchtmöglichkeiten	Göttliche Fähigkeiten, die kreativ zum Ausdruck und Nutzen vieler gebracht werden können
Weltliche Verbindungen mit seelischen Interessengruppen	Göttliche Verbindungen, die zum Nutzen und Segen vieler sind

Achtung, jetzt wird es interessant:

Fantasie	Wirklichkeit
Weltliche Verbrechen in allen möglichen Varianten	Die Auflehnung gegen Gott und die damit verbundene Verbannung des Teufels aus dem Himmel

Ich glaube, der Teufel war echt sauer über den Rausschmiss und hat sich auf seine Art und Weise durch den Aufbau eines religiösen, zerstörerischen Weltsystems (nichts anderes sind die Fantasiegebilde) an der Menschheit und letztendlich Gott gerächt.

Man kann die Liste sicherlich noch viel ausführlicher gestalten. Doch diese Beispiele sollen dir ein Bewusstsein bauen über dieses verdrehte, weltliche System hier auf der Erde. Nicht, in dem wir das System studieren. Das kannst du zwar machen, doch das führt dich zu keiner wirklichen Lösung. Die Menschen suchen händeringend nach Lösungen. Sondern, indem du in den Geist geführt wirst. Du wirst in deine wahre Natur geführt. In ein matrix - freies Leben und Bewusstsein. Dann kannst du dir das alles hier Schritt für Schritt immer tiefer anschauen. So, wie der Geist dich führt. Und ich garantiere dir, dass du immer mehr mit dem Kopf schütteln wirst und dir denkst: „Kann das denn alles noch wahr sein, was hier gerade abläuft!?"

Vergessen wir dabei aber nicht: Es geht um Energien. Es geht um ein energetisches Konstrukt, welches sich im Sichtbaren als diese oder jene Sache darstellt. Das ist eine geistliche Gesetzmäßigkeit. Wir tauschen die Energien. Du tauschst die Energien, die

Familie tauscht die Energien. Wir tauschen Fantasie gegen Wirklichkeit. Und damit verändern wir automatisch die Darstellung im Sichtbaren.

Letztendlich werden alle schlechten Energien ausgetauscht. Sie sind so vielfältig und individuell, dass man sie auch hier nicht alle aufzählen kann. Der Heilige Geist führt jeden von uns individuell. Er deckt punktgenau auf, tauscht aus und wirkt dabei allumfassend. Alle Energien hängen sicherlich irgendwie miteinander zusammen, sind aber für sich genommen klar und eindeutig und entspringen im weltlichen der Angst und im göttlichen der Liebe.

Das bedeutet:

Die Energie der Angst (die Fantasie)

wird ersetzt durch

die Energie der Liebe (die Wirklichkeit).

Auf Dunkelheit folgt Licht.

Weltliche Energie	Göttliche Energie
Innere Kälte (Angst)	Innere Wärme (Liebe)
Druck	Gezogen sein
Spannungen in Seele und Körper	Entspannung
Depressive Zustände	Göttliche Freude
Psychosen und Neurosen	Klarheit, Ruhe und Ordnung
Stress	Innere Ruhe
Kritik und Entwertung	Ehrerbietung und Hochhebung
Manipulation	Liebe und Freiheit
Aggression	Sanftmut
Härte	Weichheit
Misstrauen	Vertrauen und Glauben
Trennungszustände	Einheit und göttliche Familie
Sich selber halten	Gehalten Werden durch die Liebe

Einfach

Bevor du dieses Kapitel liest noch ein Hinweis: Dein Verstand wird versuchen, den Inhalt verstehen zu wollen, nachzuvollziehen und einzuordnen. Beobachte das mal und gestatte es ihm nicht. Lies den Inhalt und lass diesen auf dich wirken.

Und ab geht`s.

Gott ist einfach. Sein Geist ist einfach. Das, was er bewirkt, ist einfach. So, wie er es bewirkt, ist es einfach. Die Quelle aller göttlichen Kraft ist einfach.

Seine Söhne sind einfach. Du bist einfach. Das, was du bewirkst, ist einfach. Die Quelle in dir ist einfach.

Es ist alles so einfach im Geist - im richtigen Geist.

Bei allen anderen Geistern dieser Welt ist es kompliziert. Also ist das, was dem Geist der Welt entspringt kompliziert, obwohl es doch in Wirklichkeit so einfach ist. In der Welt soll es zum Beispiel Menschen geben, die sich anstrengen müssen, um Ruhe zu finden. Dabei ist Ruhe so einfach - im richtigen Geist.

Ich glaube, dass das, was von unserem Vater erschaffen wurde, einfach ist. Eigentlich sollte die Welt, die für uns vorgesehen war, einfach sein. Das Universum und alles, was sich darin bewegt, ist einfach. Es kann alles nur einfach sein, da unser Vater einfach ist. Die Liebe ist einfach, Freude ist einfach, Gelassenheit ist einfach, Geduld ist einfach, Frieden ist einfach.

Das alles sind Wesenszüge des Heiligen Geistes. Alles andere sind nicht seine Wesenszüge. Das ist der Unterschied. Der Heilige Geist ist einfach. Also bist auch du einfach. Mehr noch. Dein Leben ist einfach, deine aus dem Heiligen Geist inspirierten Handlungen sind einfach, deine Wirkungen sind einfach.

Für den weltlichen Verstand ist das eine riesige Katastrophe - zumindest war es für meinen so. Das, was er sich nicht erklären kann, ist für ihn kompliziert und das gefällt ihm. Aus der scheinbaren Komplexität des Unerklärlichen zieht der Verstand seine Daseinsberechtigung und strengt sich an, alles zu erklären. Der Verstand sucht seine Existenzberechtigung in dem Komplizierten, im Unerklärlichen. Er gewinnt Tag für Tag neue Erkenntnisse und muss versuchen diese einzuordnen, zu bewerten und in praktische Handlungen umzusetzen. Im Laufe meines beruflichen Lebens ist mir aufgefallen, dass alles immer komplexer wurde. Es wurde immer komplizierter den Alltag zu bewältigen. Den Aufwand, den Menschen treiben müssen, um ihren Alltag mit all den neu erworbenen Erkenntnissen zu bewältigen, wird immer größer. Seien diese Erkenntnisse eigener Natur oder solche, die von anderen erworben werden und auf einen einwirken.

Ich behaupte, dass die Natur um uns herum und das komplette Universum und alles, was sich darin befindet, von Grund auf ganz einfach ist.

Das, was es so kompliziert und anstrengend macht, ist der religiöse Geist dieser Welt.

Bewegst du dich als Mensch auf der Erde innerhalb des religiösen Systems, dann bist du dem Wesen der Religion ausgesetzt. Dann hast du mit Schwere, Schwierigkeit, Anstrengung, Nicht - Verstehen, Mysterien und Geheimnissen zu kämpfen. Das ist dann die Hölle auf Erden. Bewegst du dich inspiriert durch den Heiligen Geist auf der Erde, dann warten auf dich Eigenschaften, wie Leichtigkeit, Einfachheit, Ruhe, Verständnis, Klarheit und Offenheit. Also genau das Gegenteil. Dann hast du den Himmel auf Erden.

Nehmen wir mal an, du malst als Mensch im religiösen System ein Bild. Jetzt geht das los. Zunächst einmal ist es eine Frage der Technik, dann der Materialien, dann der Stimmung und schließlich des Aufwandes, der notwendig war, um das Bild fertig zu stellen. Malst du einfach privat aus Spaß an der Freude, ist es dir wichtig, dass das Gemälde gut wird, dass es dir gefällt, dass es vielleicht in die Wohnung passt oder was andere davon halten. In jedem Fall macht es das Malen komplizierter, weil religiöse Rahmenbedingungen erfüllt werden müssen. Das ist so. Ist Malen dein Beruf, dann bist du von den Meinungen sogenannter Experten abhängig. Die bewerten dann die Qualität, die zeitgenössische Einordnung, wie der Pinselstrich geführt ist, wie die Technik umgesetzt ist und wie persönliche Entwicklungen, Umfeld und Erfahrungen einzuordnen sind. Sie interpretieren, was der Künstler ihnen sagen will - in dem Fall du - und schätzen aus diesen gewonnenen Informationen den Wert des Gemäldes. Der religiöse Geist, den dieses Bild transportiert, zieht in einem religiösen System eine komplizierte Einordnung und Wertschätzung nach sich. Damit ist dein Erfolg und dein Ansehen definiert. Es ist dann egal, aus welchen Gründen du ein Bild gemalt hast.

Wenn du ein Bild malst, inspiriert vom Heiligen Geist, also aus deinem Wesen als Sohn heraus, dann hast du einfach ein Bild gemalt. Ein Bild eben mit einem starken Ausdruck, an dem sich andere erfreuen können oder auch nicht und das ihnen vielleicht sogar in irgendeiner Weise hilft - oder auch nicht. Das Bild transportiert dann die Wesenszüge des Heiligen Geistes, ausgedrückt durch dich und durch das Medium Bild. Und dabei wird nur Gutes transportiert. Und wenn es tatsächlich einen monetären Wert geben sollte für dieses Bild, dann liegt dieser auch ganz klar und einfach auf der Hand - ohne Diskussion. Einfach halt.

Keiner auf dieser Welt - und damit meine ich auch die sogenannten Kunstexperten - kapiert eigentlich wirklich, warum weltliche Kunstwerke wie einzuordnen sind, nach welchem Schema oder System das passiert. Es ist im Laufe der Zeit so entstanden.

Warum bringt ein Bild von Wassili Kandinsky bei Auktionen mehrere Millionen ein, während das Bild von Herrn Jedermann um die Ecke wertlos ist? Warum werden Millionen von Dollar für ein Bild ausgegeben, das der Natur eines schizophrenen Geistes entspringt? Der Geist, der das Bild von Herrn Jedermann inspiriert hat, entspringt der gleichen religiösen Natur. Er hat vielleicht nur einen anderen „Spezialgeist". Es entspringt also dem gleichen System. Wo ist da der Unterschied? Jeder geschulte Kunstverstand kann dir sofort erklären, warum das so oder so sein muss. Es sind nur Erklärungen, die sich das religiöse System selbst gibt, um ihr Dasein zu legitimieren. Alle Verstandeserklärungen dieser Welt sind letztendlich nur Bemühungen des Systems, sich zu legitimieren. Dazu missbraucht sie den Verstand des Menschen. Eine riesige Schulterklopfmaschine. Das ist so wie bei der Oscar - Verleihung in Hollywood. Die Sekte der Schauspieler feiert sich selbst und sagt sich gegenseitig, wie toll sie doch Filme produziert und darin mitgewirkt hat. Sie klopfen sich gegenseitig auf die Schulter. Letztendlich feiert sich auch hier das religiöse System selbst und bestätigt sich in purem Egoismus, wie toll es doch ist.

Die Religion fühlt sich immer dann super,
wenn es kompliziert ist und sie Erklärungen für alles hat!

Mir ist so klar geworden, dass bei Gott und dem Heiligen Geist alles so einfach ist. Alles das, was so kompliziert aussieht, ist einfach. Hinter der Erforschung unserer Natur und des Universums steckt nichts anderes als die Suche nach der wahrhaften Natur des Menschen. Die Forscher, egal welchen Gebietes stoßen in immer weitere Sphären bzw. Tiefen der Wissenschaft vor, um zu erkennen, wo wir herkommen oder was uns umgibt. Das, was diese Spezialisten untersuchen und entdecken, kapiert kein „Normalsterblicher".

Ob Relativitätstheorie, Quantenmechanik,
Astrophysik oder Ingenieurwesen:
Ich behaupte, dass dahinter alles einfach ist,
wenn man die Erkenntnis aus der richtigen Quelle zieht.

Ich nehme jetzt diese Beispiele, da ich von meinem Äußeren her naturwissenschaftlich geprägt bin und davon fasziniert war. Genauso gut lässt sich das Gesagte auf die Kunst, die Kultur, die Politik oder den Sport übertragen. Die Forscher stoßen in allen Bereichen scheinbar immer tiefer in wichtige Erkenntnisse vor, doch kratzen sie nicht einmal an der Oberfläche dessen, was uns wirklich ausmacht.

Je tiefer man mit dem Verstand gräbt,
desto komplizierter wird es.
Je tiefer man in den Heiligen Geist eintaucht,
desto einfacher wird es.

Deshalb sagt der Heilige Geist uns: „Hey, streng dich nicht an mit deinem Verstand, um neues Wissen zu erwerben. Suche nach dem, was wirklich wichtig ist. Suche die Quelle in dir. Suche mich. Dann ist alles klar. Wenn du wissen willst, wie das alles funktioniert, dann zeig ich es dir. Überhaupt kein Problem. Wenn du wissen willst, wie man irgendetwas macht, dann zeig ich es dir. Auch das ist kein Problem. Es ist alles ganz einfach. Ich habe die Energie dazu und dir wird dann schrittweise klar, wie das Universum (frei übersetzt: Das alles) funktioniert. Ich bin das ja und habe es erschaffen. Es ist alles kein Geheimnis. Jede kleinste Kleinigkeit zeige ich dir, wenn sie wichtig für dich ist".

Der religiöse Geist hingegen sagt: „Du musst unbedingt weiter forschen und weitere Erkenntnisse gewinnen, um zu verstehen, warum du auf dieser Erde bist und wo du herkommst. Nur dann hat dein Leben einen Sinn. Denk über die entscheidenden Prozesse auf dieser Erde nach. Es ist überlebenswichtig für dich, neue Erkenntnisse zu gewinnen. Strebe danach, sonst bleibst du auf der Strecke". Damit lenkt die Religion schön davon ab, zu erkennen, auf was es wirklich ankommt. Reine Beschäftigungstherapie. Es startet im Kindergarten und hört mit dem Tod auf.

Ich sage es ganz klar. Wenn du Menschen bewunderst für ihre Taten und Erkenntnisse in Wissenschaft und Forschung, in der Kunst oder auch auf dem zwischenmenschlichen Sektor der Kultur und Sozialwissenschaften, dann bewunderst du den religiösen Geist in all seinen Ausprägungen - so groß und bedeutend diese Erkenntnisse auch sein mögen. Alle Erkenntnisse und Ergebnisse aus dem Verstand heraus sind religiöser Natur. Sie sind damit vorherbestimmt, kompliziert zu werden. Ich will damit nicht deren Taten und Ergebnisse klein machen, da sie uns ja den Lebensstandard beschert haben, den wir heute genießen dürfen. Doch der Preis, den viele dafür bezahlt haben und heute noch zahlen, ist Anstrengung, Kampf, ein hartes Leben, Entbehrungen und vereinzelt sogar der physische Tod. Der Preis für all das ist letztendlich die Stärkung des religiösen Systems und damit die wachsende Unfreiheit der Menschheit. Du aber weißt, das es da mehr gibt und vor allem, das es einfacher geht.

Die Leistungen der Menschen zeigen mir aber deutlich, zu was sie fähig sind. Sie zeigen mir, welches Potential in ihnen steckt. Und: Wie leicht sie es haben könnten bei ihren Forschungen und Entwicklungen, wenn sie nicht dem komplizierten, alles in Schemata und Checklisten pressenden religiösen Geist folgen würden, sondern dem Heiligen Geist. Alle Taten und Ergebnisse wären mit viel mehr Freude und Leichtigkeit verbunden. Und darüber hinaus wären sie um ein Vielfaches effektiver!

Und jetzt kommst du: Du kennst die Einfachheit, mit der du dein Leben lebst oder hast es zumindest in Teilbereichen schon kennengelernt. Weil du den Heiligen Geist immer mehr kennen lernst. Das Potential der Einfachheit in dir wartet darauf, entfacht zu werden. Und das ist, was du vermittelst. Du zeigst den Menschen: Hey, es geht alles viel einfacher und freudiger. Ohne große Anstrengung, ohne komplizierte Erklärungen und Einordnungen. Mit dem, was ich in mir habe, läuft alles wie von selbst, läuft alles wie geschmiert. Das ist das, was du als Sohn in die Welt transportierst und was du ins Sichtbare bringst. In deinem privaten wie in deinem geschäftlichen Alltag - egal, wo der Geist dich hinführt und in welchem Bereich du tätig bist.

Die einzige Chance, die den Menschen bleibt, ist die Entschleunigung und die Einfachheit. Sie schauen dich und dein Leben an und bemerken, dass die Lösung dann wirklich so nahe liegt und nicht mehrere Lichtjahre entfernt auf dem Mars.

Der religiöse Geist sagt allerdings: „Flieg auf den Mars, dann wirst du bestimmt entdecken, wie die Erde entstanden ist. Dann bist du wieder einen Schritt weiter auf der Suche nach dir selbst".

Es ist wie die Suche nach einer Schatztruhe. Jedem Hinweis wird nachgegangen. Der religiöse Geist streut sie wie bei einer Schnitzeljagd. Jeder einzelne Hinweis führt zu einem weiteren Hinweis und der wieder zu einem weiteren. Das wird endlos so weitergehen. Denn die Schatztruhe der Religion ist leer. Da ist allenfalls ein lachender Clown drin, der einem entgegen springt, wenn man sie öffnet. Der Schreck ist dann groß. Dabei liegt das Gute so nahe. Es ist bereits auf diesem Planeten und es breitet sich aus. Es ist die Liebe, die Freude, der Geist - du. Darin ist alles enthalten. Darin gibt es keine Fragen mehr. Da ist alles einfach.

Dabei zeigst du ihnen etwas ganz Entscheidendes. Die Erkenntnisse, die sie aufgrund dieser Energie gewinnen werden, sind dann nicht aus der Anwendung irgendeiner Technik oder eines Formates entstanden, sondern aus der Freiheit, der Lebensfreude und der Liebe des Heiligen Geistes für die Menschen. Sie entstehen einfach so.

Und göttliche Einfachheit ist noch eines: Absolut. Sie ist erhaben über alles und fehlerlos. Absolut zu sein bedeutet, fehlerlos zu sein. Einfachheit ist immer absolut, nie relativ, also nie vergleichend. Alles, was einer Relativität entspringt, ist mit Fehlern behaftet bzw. entspringt einem Mangel.

Über den Mangel an wirklicher Erkenntnis
gibt es dazu in der Welt eine Theorie.
Man nennt sie Relativitätstheorie.

Wenn du dich einfach so freust, dann freust du dich einfach. Das ist absolut. Es gibt in dir eine Quelle dafür, aber keinen sichtbaren Bezugspunkt. Wenn du liebst, dann liebst du einfach. Das ist dann absolut. Es gibt wiederum keinen Bezugspunkt. Das Königreich des Himmels ist ein absolutes Königreich. Alles, was daraus entspringt, ist absolut. Unser Vater, der dieses Reich geschaffen hat und anführt, ist absolut in seinem Wesen. Er hat und braucht keinen Bezugspunkt auf dieser Erde, um zu herrschen. Er tut es einfach. Durch dich. Das ist dann göttlicher Absolutismus. Fehlerlos und ohne Mängel.

Was die katholische Kirche erteilt ist keine Absolution, sondern religiöser Schrott. Sie hält sich zwar für absolut und wahrhaftig, ist aber in ihrer Natur, Erscheinung und ihrem Wirken genau das Gegenteil.

Im Machtzentrum der Religiosität gibt es keine Einfachheit. Im religiösen System ist alles relativ. Alles benötigt einen Bezugspunkt, um existieren zu können, weil Mangelbewusstsein vorherrscht. Um den Zustand des Mangels zu mildern, muss man sich vergleichen und das macht es dann kompliziert. Alles existiert in diesem System nur durch Vergleiche. Alles wird mit allem und jeder mit jedem verglichen. Die Konstruktion eines gigantischen Mobiles. Der Mensch in einem religiösen System benötigt jedoch einen Bezugspunkt, wenn er sonst nichts hat. Ohne das würde er umherirren und zu Grunde gehen.

Und genau da liegt das Problem: Die Vergleiche auf der Erde machen das Leben, machen das Miteinander so kompliziert. Vergleiche sind in jeder Hinsicht Fallstricke der Religion. Jeder vergleicht sich bewusst oder unbewusst mit seinem Nächsten. Taten und Handlungen, also die Ergebnisse praktischer Arbeit, werden mit den Werken anderer verglichen und bewertet. Daraus zieht jeder Mensch seinen Selbstwert. Das Hamsterrad, in dem man sich befindet, dreht sich dann mal schneller oder langsamer, mal in die eine oder auch mal in die andere Richtung. Wenn man nicht aufpasst und auf der Hut ist, dann fliegt man raus.

Der Sohn ist da anders. Der Sohn ist absolut. Er hat bereits die Absolution. Der Sohn, also du, braucht keinen Bezugspunkt auf dieser Erde. Dein Bezugspunkt, wenn man so will, ist der Himmel, ist der Heilige Geist, ist die Liebe. Dein Bezugspunkt ist nicht einmal der Gesandte, also Helmut Bauer, als Mensch, sondern der Gesandte als Geist. Er ist mit dir und du bist mit ihm verbunden. Diese Verbundenheit macht dein Leben auf dieser Erde so einfach und unkompliziert. Kein Hamsterrad, kein System, keine Kategorie, keine Einschachtelung. Nur Freiheit, Liebe und Freude. Das sehen die Menschen und sie werden immer mehr nach dem verlangen, was du in dir trägst und weiter gibst.

Versuche in Absolutismus hat es auch in der Welt bereits gegeben. Der französische Sonnenkönig Louis XIV. ist ein solches Paradebeispiel aus der Vergangenheit. Ein selbsternannter, absolutistischer Herrscher, sogar ein König, allerdings religiöser Natur und in dem weltlichen System gefangen. Er betrachtete sich zwar als von Gott eingesetzt und gottgleich. Doch diente er dem Teufel und brachte nur Tod und Zerstörung unter seine Untertanen, indem er viele von ihnen verhungern ließ. Es gibt genügend Beispiele für Herrscher der Gegenwart, die Absolutismus für sich beanspruchen, wie zum Beispiel der russische Präsident Putin oder der türkische Staatspräsident Erdogan, um nur einige zu nennen. Die Auswirkungen kannst du in den Nachrichten verfolgen. Du siehst: Absolutismus muss göttlicher Natur sein, denn nur dann ist es eine Regentschaft in Liebe, Freude und Freiheit, bei denen es den Menschen einfach nur gut geht.

Gerade das Absolute ist aber für den religiösen Verstand so herausfordernd und nicht greifbar. Es beinhaltet keinerlei Erklärungen. Es ist einfach. Punkt. Das, was davon ausgeht, ist einfach die Wahrheit und diese Wahrheit lässt keinerlei Erklärung und Herkunftsforschung zu.

Das Absolute entzieht der Religion die Daseinsberechtigung.
Es ist einfach, tritt auf die Bühne und sagt:
„Hier bin ich. Jetzt geht es los".
Es ist die Liebe. Die Liebe ist das Absolute.

Was sie dabei immer mitführt, und das ist das Entscheidende, ist Erkenntnis. Individuelle Erkenntnis für jeden einzelnen, der es haben möchte. In welchen Bereichen auch immer. Diese Erkenntnis ist immer liebevoll und klar und bringt jeden, der sie annimmt, in seinem Leben weiter. Niemand wird im Regen stehen gelassen. Göttliche Erkenntnisse werden stets da ausgeteilt, wo göttliches Wirken wichtig ist. Zur rechten Zeit, am rechten Ort. Wenn du spezielles Wissen über die Funktionsweise des Universums benötigst, bekommst du es. Wenn nicht, dann brauchst du es nicht. Es ist für jeden, zum richtigen Zeitpunkt und seinen Bedürfnissen entsprechend, etwas dabei.

Also sage ich: Auf geht's! Lass uns den Menschen das Einfache bringen. Lass uns den Menschen zeigen, wie einfach, liebevoll und klar unser Vater ist. Lass uns den Menschen zeigen, dass ihre wahre Erkenntnis und ihre Erfüllung nicht in der Komplexität verstandesmäßiger Erkenntnisse liegen, sondern in einer geistlichen Quelle, die noch niemand von ihnen kennt und die nur gut tut und das Leben einfach gestaltet. Das hat dann eine direkte Auswirkung auf ihr praktisches Leben.

Mir ist an dieser Stelle klar, dass alle Beschreibungen und Erklärungen in diesem Kapitel noch zu kompliziert sind gegenüber der wirklichen Einfachheit des Heiligen Geistes. Es ist aber ein wichtiger Schritt für die Bildung eines Bewusstseins. Ich bin mir auch sicher, dass Erklärungen in Zukunft weniger werden, da immer mehr Erkenntnis und Klarheit über das göttliche Wesen diesen Erdball überziehen werden.

Klärungsbedarf

Davon gibt es eine ganze Menge. Alles, was sich im Sichtbaren zeigt und aus der weltlichen Quelle stammt, ist unklar. Somit ist alles auf der Welt unklar. Alles, was nicht dem Göttlichen entspringt, ist unklar. Nur Gott ist klar. Nur die Liebe ist klar, nur der Heilige Geist ist klar. Im Göttlichen benötigst du keinen Klärungsbedarf. Dort ist alles klar und geregelt.

Wir, und damit meine ich die Familie auf der WORT und GEIST - Plattform, wir alle sind Geist aus Gott. **Ein** Geist aus Gott. Wir sind von neuem geboren und haben unsere Heimat im Himmel, im Göttlichen. Unser Äußeres wurde vom Unklaren geprägt. Unsere Seelen sind vom Geist dieser Welt verschmutzt und müssen gereinigt werden. Wir als Pioniere haben uns diesem Waschgang ausgesetzt und lassen uns reinigen. Wir lassen uns „klären", indem alles Trübe aus unserer Seele entfernt wird. Denn trübe Gewässer will niemand. Jeder schwimmt lieber im kristallklaren Wasser in der Südsee als in irgendeinem braunen Süßwassertümpel im Amazonasgebiet.

In unseren Seelen befinden sich Energien, die uns nicht klar sehen lassen und als Mann und Frau Gottes einen unklaren Weg beschreiten lassen. Es sind Energien, die uns den Weg weit darüber hinaus nicht beschreiten lassen und die echte Einheit verhindern. Doch der Heilige Geist sagt uns: „Ich lasse euch nicht im Unklaren". Zum Teil stecken wir alle noch in individuellen trüben Gewässern. Jeder, der auf dem fortschreitenden Weg in den göttlichen Geist ist, also in die Klarheit, wird sich reinigen lassen müssen. Da führt kein Weg daran vorbei. Es besteht Klärungsbedarf.

Nun, wie sieht dieser Klärungsbedarf aus? Auf jeden Fall ganz unterschiedlich, da jeder von uns, anderen, trüb machenden Situationen ausgesetzt war. Aber eines haben wir alle gemeinsam: Wir kommen nicht umhin, uns diesen Verschmutzungen zu stellen und zu agieren. Wir haben zu lange nur reagiert und alles mögliche aus der Welt gewähren lassen. Aktivität statt Passivität. Dazu bist du gefragt. Wenn du frei werden willst von Belastungen in deiner Seele, wenn du frei und unbeschwert auf dieser Erde wandeln möchtest, dann bist du gefragt.

Wenn du ein echter Mann Gottes, eine echte Frau Gottes repräsentieren möchtest, die in Liebe und Einheit zueinander stehen, dann ist es wichtig, dass du dich deinen Dämonen stellst. Ich nenne das hier ganz klar beim Namen: Du wirst dich deinen Dämonen und schlechten Energien in letzter Konsequenz und Tiefe stellen müssen - wenn du frei werden willst. Wenn du nicht frei werden willst, dann brauchst du das natürlich nicht zu tun. Das kann und wird keiner von dir verlangen. Jemand, der nicht frei werden möchte bis zur letzten Konsequenz, wird diesen Weg auch gar nicht gehen können, da der Heilige Geist dann mit ihm diesen Weg nicht gehen kann. Er kann dir dann die dafür benötigte Energie nicht zur Verfügung stellen. Er ist nach wie vor da. Du bist errettet. Er wird dich begleiten. Du bist behütet und beschützt und selbstverständlich auch geführt und geliebt von ihm.

Es bedarf aber einer entsprechenden Freiwilligkeit und Bereitschaft, tiefer zu gehen. Wenn du dich für den Weg weit darüber hinaus entscheidest, bekommst du Hilfe. Der Heilige Geist steht dir mit seiner unendlichen Power und Liebeskraft zur Seite und führt dich heraus aus den tiefen Verletzungen und Unklarheiten deiner Seele. Dieser Prozess ist für die Seele nicht immer angenehm - eher lästig und beängstigend. Die Seele will diesen Prozess auch gar nicht gehen. Die Dämonen und Energien darin wollen ja nicht weg. Es ist ihre Daseinsberechtigung. Sie vermitteln dir ihre „Glaubenssätze", die letztendlich nur Lügen darstellen, da sie mit dem Göttlichen in dir nichts zu tun haben.

In der Welt gibt es unzählige Therapieformen, die sich mittels unterschiedlicher Herangehensweisen und Methoden solchen „Glaubenssätzen" nähern. Doch sie haben nur bedingt Erfolg und erreichen auch nicht die notwendige Tiefe. Letztendlich münden sie alle in einer Art Verhaltenstherapie, da sie sich ja innerhalb des religiösen Systems bewegen. Dieses System ist an einer echten Freiwerdung nicht interessiert. Im Gegenteil: In Wirklichkeit ist sie sein größter Feind. An die wirklich essentiellen „Glaubenssätze" kommen alle Therapien dieser Welt nicht heran. Das ist auch gut so. Das ist göttlicher Schutz. Das kann ich aus eigener Erfahrung sagen.

Ich habe oben von „Glaubenssätzen" geredet. Dahinter stecken persönliche Lebenseinstellungen, die Sicht auf andere Menschen und Situationen und vor allem die Sicht auf sich selbst. In der Welt gibt es alle möglichen Formen von „Glaubenssätzen", die ausschließlich der Angst entspringen.

Bei Gott gibt es nur einen Glaubenssatz:
Liebe deinen Nächsten, so wie dich selbst.
Es ist der eine Glaubenssatz, der den Weg
weit darüber hinaus darstellt.
Den Weg der Liebe.

Viele weltliche Glaubenssätze kann man mit der Therapie umbiegen und die Sichten innerhalb des religiösen Systems ändern. Die Welt nennt das dann „bewusst machen". Doch die Energie, die eine solche Sicht verursacht, ist damit nicht verschwunden. Das kann keine Therapieform der Welt. Ich behaupte, dass sich diese Energie dann nur verlagert hat, in ihrer ursprünglichen Form und Tiefe aber noch vorhanden ist.

In gewissem Umfang ist unsere Seele durch Erfahrungen und Lernprozesse fähig, bestimmte Sichten zu ändern. Die trübende Energie an sich ist aber nicht verschwunden und wird sich früher oder später an einer anderen Stelle und in einer anderen Situation zeigen.

Daher behaupte ich,
dass keine Therapieform dieser Welt in der Lage ist,
eine wirkliche Befreiung herbeizuführen, egal,
wie scheinbar tief sie zu arbeiten scheint.

Es finden lediglich Verlagerungen der Ursprungsenergie statt. Sie quälen den Menschen weiterhin und bieten ideale Landeplätze für alle möglichen Gedanken und Ängste aus der Luft.

Aus göttlicher Sicht wirft das System dem Menschen wieder nur Brocken als Köder vor, um ihm ein gutes Gefühl zu verschaffen und hält ihn so bei der Stange. Da wären wir wieder bei der Beschäftigungstherapie. Aus menschlicher Sicht und aus der Perspektive der Gefangenschaft in einem religiösen System heraus, stellt sich eine Therapie durchaus als nützlich dar.

Die Frage ist: Willst du eine Verbesserung innerhalb des religiösen Systems oder willst du ganz aus dem Einflussbereich heraus genommen werden? Das ist dein persönlicher Entscheidungsprozess. Es ist nicht die Entscheidung, ob du, wie die kleine Dorothy im

Film „Der Zauberer von Oz" vor einer Kreuzung stehst und dich entscheiden musst, ob du nach links oder rechts gehst.

Es ist nie die Entscheidung über links oder rechts.
Links und rechts sind nur Ablenkungen.
Schau nach vorne. Es gibt einen dritten Weg.
Der führt einfach geradeaus und weiter.

Auch Dorothy ist damals einfach weitergegangen - geradeaus - und kam zu ihrem Ziel.

Ich möchte hier auch nicht länger um den heißen Brei herumreden und mit diesem Kapitel ein sehr unbequemes Thema anschneiden: Es geht um tiefsitzende große Verletzungen in der Seele. Jeder von uns wird an einen Punkt in seinem Leben und göttlichen Wandel kommen, wo er auf solche Hindernisse und Widerstände stoßen wird, die wirklich grundlegender Art sind und ein tieferes Eindringen in den göttlichen Geist verhindern möchten. Je länger du dich der göttlichen Kraft aussetzt und von unserem Kraftwerk Helmut Bauer tankst, desto näher stößt du an diese natürlichen Grenzen in deiner Seele. Der Geist führt dich dorthin und macht dir ein Angebot. Das Angebot weiter zu gehen und dich darüber hinaus führen zu lassen. Du hast dann die Wahl, ob und wann du dieses Angebot annimmst.

Das Weitergehen ist dabei durchaus wörtlich zu nehmen. Auf eine innere Entscheidung folgt dann auch immer ein praktischer Schritt. Nur Akademie hören und Veranstaltungen besuchen, macht dich in letzter Konsequenz nicht wirklich frei. Unser Vater ist ein praktischer Vater. Der Heilige Geist wird dich persönlich und praktisch anleiten. Das wird dich letztendlich in die Freiheit führen. Der Besuch und das Hören der Akademie bilden allerdings den

Grundstein und das Fundament für solche praktischen Schritte. Da führt kein Weg daran vorbei.

Bei mir war es u.a die Familie. Meine Seele hatte panische Angst davor, so richtig in die (geistliche) Familie einzutreten. Damit meine ich nicht das Besuchen von Veranstaltungen oder das Aufnehmen und Wahrnehmen von göttlichen Kräften und Salbungen. Oder das Treffen mit Familienmitgliedern, oder das Austauschen der Liebeskraft. Obwohl das zu einem fortgeschrittenen Zeitpunkt der Konfrontation in meiner Seele auch schon nicht mehr möglich war.

Ich rede hier von einer echten Eingliederung. Von einem Bewusstsein. Von einem Seins - Zustand. Von einem Eins - Sein. Von einem Leben, das mir in jeder Sekunde meines Daseins vermittelt: Das ist meine Familie. Da gehöre ich hin. Hier werde ich geliebt. Hier kann ich lieben und frei sein. Hier werde ich so akzeptiert, wie ich von meiner göttlichen Natur her bin. Hier kann ich vertrauen und mich fallen lassen, ohne das ich verletzt werde. Hier kann ich andere genauso lieben und akzeptieren, weil ich eines Geistes mit ihnen bin. Ein Wissen, um eine weltliche Familienzugehörigkeit kann schon sehr stark sein und nach außen Zusammenhalt vermitteln und praktizieren. Wie stark ist das erst in der göttlichen Familie. Weltliche Familien und Beziehungen sind aber in der Regel Bollwerke und Festungen, die aus Lügen und Geheimnissen bestehen.

Ich spürte, dass tiefsitzende Verletzungen und Dämonen mich hinderten, so richtig in die Familie einzutreten. Mir war bewusst: Ich war irgendwie außen vor. Vom geistlichen Stand aus gesehen bin und war ich immer in der Familie - keine Frage. Doch der Wandel zeigte etwas anderes. Und auf den kommt es ja schließlich an, denn wir verweilen ja noch einige Zeit hier auf dieser Erde und haben auch noch einiges vor. Auf der Erde verbindet sich der Stand im Geist mit dem Wandel im Geist. Der Wandel ist praktizierter Stand.

Der Heilige Geist sagte mir einmal: Du wirst Autorität über den tiefsten Schmerz in deiner Seele ausüben. Wow! Ich kannte da bereits meinen tiefsten Schmerz und auch den Grund dafür. Ich konnte mir das gar nicht vorstellen. Doch eines war mir klar. Ich wollte frei davon werden. Ich wollte in der Familie auch im Praktischen wandeln und nicht nur vom Stand aus gesehen. Doch dieser Schmerz verhinderte das. Er verhinderte in allen Bereichen meines Lebens ein Vorankommen. Ich konnte einfach nicht, da mich festsitzende Energien und Dämonen davon abhielten weiter zu gehen. Aber ich wollte weitergehen und ich wollte Klarheit.

Mein trübster Tümpel war die Familie, mein größter Schmerz hing mit Familie zusammen. Gleichzeitig war mein tiefster, innerster Zug die geistliche Familie. Da wurde mir die Trennung von Seele und Geist noch bewusster. Das Wollen des Innern hat mit der Angst im Äußeren nichts zu tun. An der Oberfläche Angst und tief im Innern in der Quelle Freude über die Familie. Ich wollte Klarheit und ich wollte frei werden von der Angst, um endlich in die Ruhe einzukehren. Klarheit bedeutet immer Ruhe. Klärung führt zur Klarheit und diese dann zur inneren Ruhe. Klarheit bekommst du nur, wenn du deine speziellen Situationen im Leben klärst, wie immer das auch aussieht. Im Praktischen war es für mich dann so, dass ich meine weltliche Familie und Personen früherer Beziehungen mit einigen sehr unbequemen Themen konfrontierte und Dinge, die der Geist mir zeigte, zur Sprache brachte. Damit waren sie am Licht und konnten mich nicht länger quälen. Damit waren sie als Lüge enttarnt, als falsche Glaubenssätze, die mir das gefallene und verdrehte Geschlecht der Menschheit eintrichterte.

Der Heilige Geist ist ein äußerst praktischer Geist. Er belässt es nicht bei Theorie und Wissen alleine. Sein Wirken mündet immer in einer Handlung. Sein Wirken mündet immer in einem Tun. Sein Wirken wendet das, was du gelehrt bekommst und dir durch die Akademie bewusst gemacht wird, praktisch an.

Wenn du so einen Weg gehst, dann fühlt es sich zunächst für deinen äußeren Menschen sicherlich nicht gut an, ist aber ungemein befreiend und erleichternd. Da werden Felsbrocken von ihm abfallen. Das kann ich dir garantieren. Das ist dann ein Gefühl! Und vielleicht fallen die Felsbrocken sogar von denen ab, die deine Blockaden bewusst oder unbewusst verursacht haben. Es geht aber erst einmal um dich. Überlasse in einem solchen Prozess die anderen beteiligten Personen dem Heiligen Geist. Er kümmert sich darum. Und eins ist auf jeden Fall noch wichtig: Lass dich bei dem ganzen Prozess vom Heiligen Geist und von seiner Energie führen! Du hast keine Chance, wenn du es im Fleisch versuchst, da die geistlich - dämonische Welt in dem Moment stärker ist. Glaub mir das. Ich habe es versucht und bin kläglich gescheitert.

Ein Herauslösen aus dem religiösen System
ist durch den äußeren Menschen,
oder wie die Bibel es ausdrückt
- durch das Fleisch - unmöglich!
Das geht nur im und mit dem Geist.

Du brauchst Autorität und die hast du nur, wenn du in jeder einzelnen Situation getrennt bist von den Verunreinigungen in deiner Seele. Es geht einfacher in der Kraft der Liebe. Lass dich führen. Lass dich vorbereiten für was für eine Art Klärungsbedarf der Geist dich auch immer vorbereitet. Er wird dich vorbereiten und er wird dies liebevoll, sanft, souverän und gleichzeitig sehr konsequent tun. Du wirst sicherlich abwarten müssen, Geduld haben und Mut aufbringen, doch es lohnt sich. All diese Eigenschaften sind in dir. Es sind göttliche Kräfte, die bei Vertrauen wirksam werden. Sie werden da sein, wenn du sie benötigst. Er führt dich weg von der unruhigen Oberfläche und den Blockaden hinein in einen ruhigen, sicheren und souveränen Zustand der Freiheit. Jeder noch so tiefsitzende Schmerz in der Seele ist für den Geist Oberfläche. Er führt dich in dein wirkliches Sein. Es können dabei Dinge hervorkommen, die dir noch gar nicht bewusst sind. Es kann aber sein, dass du irgendwie schon immer so ein komisches Gefühl gehabt hast. Du hast gewusst, das da etwas nicht stimmt.

Ich weiß, dass es bei jedem von uns solche tief sitzende Hindernisse gibt. Man stößt immer dagegen. In allen möglichen Situationen erscheinen sie und man hat das Gefühl, das man nicht vorwärts kommt, sich auf der Stelle bewegt oder sich zumindest im Kreis dreht. Die Ursache dafür liegt fast ausschließlich in den weltlichen Familien oder Beziehungen in Form von Tabus, Geheimnissen und Missbrauch. In Form von Unausgesprochenem. In Form von Schwüren und zweifelhaften Versprechen, die man als Kind leisten musste. In Form von Taten, denen man schutzlos ausgesetzt war oder Taten, zu denen man gezwungen wurde. Und einige auch in Form von Geheimnissen, die bereits über mehrere Generationen hinweg über Familien schweben und diese leben. Diese werden geistlich vererbt und man darf nicht darüber sprechen.

Der Geist hat sie mir in meinem Fall gezeigt und ich weiß auch, was in der Welt alles an tiefsitzenden Belastungen existiert. Er hat mich durch alle Lagen der schlechten Energien geführt und mich aus meiner größten Angst herausgeholt und davon befreit.

Diese Angst hielt mich eben davon ab, so richtig und ganz in die Familie Gottes einzutreten.

Solche praktischen Schritte der Klärung sind notwendig, damit wir der Welt helfen können. Jeder Mensch auf dieser Erde hat eine größte Angst. Jeder. Sie baut teilweise riesige Blockaden auf und Menschen weichen davor zurück. Aus gutem Grund - aus Schutz. Und das ist auch gut so. Den meisten sind sie gar nicht bekannt.

Mir waren sie auch nicht bekannt. Solange, bis die Energie da war, dass es der Heilige Geist mir sagen konnte. Auch das ist Schutz. Warte immer ab, bis die Energie da ist für Erkenntnis, Wissen, nächste Schritte und so weiter. Du erkennst es dann. Wichtig! Und ich verrate dir noch etwas Wichtiges: Je tiefer der Heilige Geist mit dir zusammen in deine verletzte Seele vordringt und zu den wirklichen Blockaden kommt, die die Einheit verhindern, desto leichter wird es. Paradox, oder! Ich wollte das nicht glauben. Ich glaubte, die größte Katastrophe passiert zum Schluss und wird sich wie eine riesige Monsterwelle vor mir auftürmen, die mich komplett verschlingt. Es kam alles ganz anders. Genau anders herum.

Auch du wirst Autorität über deine größte Angst haben. Du wirst ihr in Liebe und Freude entgegentreten und **du** wirst sie aus deinem Leben mit Leichtigkeit entfernen. Nicht der Heilige Geist, nicht der Gesandte, nicht die Prophetin, auch niemand aus deiner Familie. **Du!** Du hast alles, was du brauchst in dir. Es wird zum richtigen Zeitpunkt aktiv. Und alles das, was du von außen benötigst, erhältst du ebenfalls zum richtigen Zeitpunkt. Das glaubst du mir jetzt noch nicht. Macht nichts! Warte ab und lass dich überraschen.

Wir sind die ersten, die diese Knoten lösen. Nicht umsonst nennen wir uns immer wieder Pioniere. Wir haben die Energie zur Verfügung gestellt bekommen, herauszutreten.

Das ist das eigentliche „Pioneering". Dafür ist unser Meister Helmut Bauer gekommen. Er bewirkt die Befreiung aus der Seelenwüste. Doch er braucht deine Mitarbeit. Du machst es mit ihm zusammen, mit dem Heiligen Geist und zusammen mit deiner Familie. Der Meister ist uns allen vorausgegangen und hat uns überhaupt erst den Weg aus der Seele geebnet. Und ich bin dir ebenfalls vorausgegangen und bin die praktischen Schritte der Klärung und Reinigung meiner Seele gegangen. Wir haben ein Tor in die Welt aufgestoßen, durch das du und die Menschen hindurch gehen können. Aber letztendlich haben Jesus und Helmut uns den ultimativen Weg für einen solchen Prozess auf unterschiedlichste Art und Weise geebnet. Jetzt bist du dran. Du weichst nicht zurück. Los geht`s!

Ich spreche dir den Mut für einen solchen Weg zu!

**Ich spreche dir Vertrauen in dich selbst
und den Heiligen Geist zu!**

**Ich spreche dir den Glauben zu, den du dafür brauchst
und der in dir bereits vorhanden ist!**

Ich spreche dir Kühnheit zu, dem Teufel zu trotzen!

Ich spreche dir den Willen zur Wahrheit zu!

Ich spreche dir den Willen zur Klarheit zu!

Und ich freue mich über jeden einzelnen, der diesen Weg geht und somit alle Blockaden durchbricht, um in ein wunderschönes, freies und ruhiges Leben in der göttlichen Familie hier auf Erden einzutreten - ohne, dass auch nur irgendetwas komisch ist. Das ist der Weg weit darüber hinaus, von dem Paulus sprach, ihn aber nie richtig kennengelernt hat. Du wirst ihn kennenlernen.

Es ist:

Die Liebe!

Gerechtigkeit

In allen Bereichen, in denen du als Geist dem Weltlichen begegnest, wirst du feststellen, dass zwei ganz unterschiedliche Spezies aufeinandertreffen. Der Heilige Geist hat mit dem Geist der Welt nichts zu tun. Du hast mit der Welt nichts zu tun. Deine Handlungen sind mit den Handlungen der Welt nicht zu vergleichen. Die Handlungen der Welt entspringen der Angst. Deine Handlungen entspringen der Liebe. Dazwischen gibt es nicht einfach nur Unterschiede. Dazwischen klafft auch keine Lücke, die man vielleicht überwinden könnte. Die Angst kann neben der Liebe oder in einer gewissen Entfernung nicht existieren und umgekehrt. Es ist entweder das eine anwesend oder das andere. Je nachdem, woran du glaubst und festhältst.

Mir ist das so klar geworden, als ich einige Themen mit meiner weltlichen Familie zu klären hatte. Die Wahrheit traf dabei auf die Lüge. Das Echte auf Fantasiegebilde, auf Konstrukte, die man sich über Jahre hinweg zurechtgelegt hatte, um allen Schwierigkeiten und jeglichem Schmerz aus dem Weg zu gehen. Die Liebe traf auf Angst. Für meine Seele war dieser energetische Zusammenprall im ersten Moment ein absoluter Schock, der auch noch eine gewisse Zeit nachhallte und einige Nachbeben produzierte. Ich wusste zwar darum und hätte jedem „weise" Ratschläge erteilen können. Doch es praktisch zu erleben, war etwas völlig anderes.

Alles das, was der Geist mir zeigte, entspricht der Wahrheit. Alles das stand zur Klärung bereit. Als der (festgesetzte) Zeitpunkt da war, knallte mein inneres Wissen mit voller Wucht auf das Sichtbare, das mit allen möglichen Aktionen, Aussagen, Beteuerungen und Lügenmärchen das absolut krasse Gegenteil darstellte.

Wäre ich da im Verstand geblieben und nicht im Geist, dann wäre ich richtig ins Schleudern und Zweifeln geraten. Doch ich war ja gut vorbereitet und so hielten diese Momente der Verwirrung nur kurz an. In den Gesprächen, die ich führte, habe ich aber eines gemerkt: Je mehr Unwahrheiten ich hörte, desto sicherer und ruhiger wurde ich im Innern. Als der erste Crash vorüber war, übernahm mein Inneres wieder die Führung. Je mehr Gespräche ich führte, desto kleiner fiel der Schock aus und desto schneller fand ich wieder zu meiner inneren Sicherheit.

Du hast eine Quelle in dir, die immer die Wahrheit spricht. Du hast eine Quelle in dir, die dir Dinge zeigt, die du in deinem äußeren Menschen gar nicht wissen kannst. Konfrontierst du dein Wissen durch den Heiligen Geist mit dem Verstandeswissen und den seelischen Festungen der Welt, also z.B. mit deiner weltlichen Familie, dann ist es gut, fest zu stehen und innerlich auf dem Fundament zu stehen, dass die Akademie und der Meister in uns gebaut haben. Deshalb ist es so wichtig, sich vom Heiligen Geist führen zu lassen und den richtigen Zeitpunkt abzuwarten. Hätte ich das nicht getan, dann wäre ich ganz schön ins Trudeln gekommen und es hätte mir den Boden unter den Füßen weggezogen. Mein Verstand war natürlich trotzdem noch herausgefordert. Es diente aber dazu eben diesen weiter zu entmachten und auf die Quelle in mir zu vertrauen. Das stärkte mich. Das baute weiter mein Rückgrat.

Ich will dich hier mal mit einer konkreten Sache konfrontieren, von der ich weiß, das sie sehr häufig vorkommt: Stell dir mal vor, der Heilige Geist in dir offenbart dir zu einem bestimmten Zeitpunkt, dass die Kinder, von denen du annahmst, das sie deine leiblichen Kinder sind, gar nicht deine leiblichen sind, sondern von jemand anderem. Die natürliche Reaktion auf solch ein Wissen ist, erst einmal mittels eines Gentests zu überprüfen, ob das denn wirklich so ist. Das ist die Reaktion des äußeren Menschen. Er will Beweise für dieses Wissen. Er will das schwarz auf weiß sehen und die entsprechenden Konsequenzen ziehen. Er versucht mit allen Mitteln die Wahrheit herauszufinden. In dem Moment gerät das Wissen durch den Geist in deinem Innern in die Hände des äußeren Menschen. Das ist wie eine geladene Pistole in der Hand eines Kindes.

Der äußere Mensch drängt auf Gerechtigkeit. Er drängt auf eine lückenlose Aufklärung und Veröffentlichung der Wahrheit. Du hast dabei nur ein Problem: Du kannst niemanden erzählen, woher du das Wissen hast. Du kannst in der Welt niemandem erklären, woher dein Wissen kommt. Du hast keinerlei sichtbaren Beweise. Du hast zunächst keinerlei äußere Anhaltspunkte. Die Welt fragt allerdings nach Anhaltspunkten und Beweisen. Selbst unter den Söhnen kann es dir passieren, dass du dafür Unglauben erntest, wenn du auf jemanden triffst, der noch sehr im Verstand weilt. Die Weisheit im Geist besteht darin, zu wissen, wann und mit wem du über solche Angelegenheiten sprichst.

Wenn du zu einem zu frühen Zeitpunkt deiner Erkenntnis die direkt beteiligten Personen darauf ansprichst, dann prallst du frontal und ungebremst auf eine Mauer aus Lügen, Beteuerungen, Anfeindungen und Gegenangriffen. Doch du bist dir absolut sicher, so sicher, wie du noch nie sicher warst in deinem Leben. Denn das Wissen stammt aus deinem Geist. Es stammt vom Heiligen Geist und dieses Wissen ist unverrückbar. Denn der Heilige Geist kann nicht anders. Was er dir offenbart, steht und ist durch keine Argumentation der Welt weg zu kriegen. Jetzt hast du den Salat. Dein äußerer Mensch und deine Seele schreien nach Gerechtigkeit und Klarheit. Dein Verstand läuft Amok. Dein innerer Geist aber ruht und ist klar. Zu Anfang merkst du diese Ruhe im Innern nicht, da sich in deinem Äußeren alles aufbäumt und nach Gerechtigkeit schreit. Der äußere Mensch will sofort handeln und klarstellen. Er will begangenes Unrecht in Recht verwandeln. Gerechtigkeit ist eigentlich in so einem Moment nicht der richtige Ausdruck: Dein äußerer Mensch schreit bewusst oder unbewusst nach Rache und Wiedergutmachung.

Weltliche Gerechtigkeit hat immer mit Rache und Bestrafung zu tun. Du wirst dich dann in deinem Äußeren immer mehr in eine persönliche Strafverfolgung begeben und sprichst beschönigend aus: Ich will Gerechtigkeit. Das ganze weltliche Gerechtigkeitssystem ist eine einzige Bestrafungs - und Verfolgungsorgie. Unsere Gerichte sind voll von diesen Fällen. Der Umgang miteinander in der Welt ist geprägt von der Forderung nach Gerechtigkeit, sprich nach Rache. Auch, wenn das so nicht ausgesprochen wird, so steckt dies in aller Regel dahinter. Wird diese missachtet, dann wird jeder Betroffene alles tun, um auf seinem Recht zu bestehen und entsprechende Konsequenzen fordern. Die können ganz harmlos aussehen, entspringen aber alle aus der gleichen Quelle: Dem Schmerz, verletzt worden zu sein und der Angst davor, was noch alles passieren kann. In dem Moment ist es in der Seele ein schmerzvolles Leben in der Vergangenheit, gepaart mit der angstvollen Projektion auf die Zukunft. Das hat mit der Gegenwart, dem Leben im Geist und in der Liebe überhaupt nichts zu tun.

Spinnen wir die Sache mit den nicht - leiblichen Kindern noch etwas weiter: Stell dir vor, du machst einen offiziellen Gentest. Der sagt aus, das du zu mehr als 99% der leibliche Vater bist! Dein Wissen im Innern ruht. Es ist fest und klar darüber, dass es nicht so ist. Es ist genau so, wie der Heilige Geist es dir offenbart hat. Wumm! Das ist dann der nächste frontale Crash mit deinem Verstand. Der wird in dem Moment erst einmal von 100 auf Null in einer Sekunde regelrecht abgebremst, um dann schließlich so richtig Gas zu geben.

Von dem Moment an, wo dir der Heilige Geist ein solches Wissen im Innern vermittelt hat, beginnt die Entmachtung deines Verstandes. Während dieser Entmachtung wird er sich rigoros aufbäumen und alle möglichen Szenarien aufführen, damit er befriedigt wird. Der Verstand will um jeden Preis seine Daseinsberechtigung behalten. Er wird dermaßen auf Hochtouren laufen, um das, was er aus dem Innern mitbekommen hat, mit dem zu verbinden, was er von außen wahrnimmt und will. Er will ja alles einordnen. Er will weltliche Gerechtigkeit und Wahrheitsfindung. Er kann ja nicht anders.

Was macht der Geist in deinem Innern: Der ruht. Das bekommst du noch immer nicht so richtig mit. Aber immer mehr. Und du bist geführt. Der Geist hat dich in so einem Augenblick bereits übernommen, da du ja schon längst übernommen bist. Der Heilige Geist holt dich durch eine derart unreligiöse Mischung aus liebevoller Führung und Konfrontation mit dem Äußeren aus dem Denken heraus, dass dein Verstand meint „den Verstand verloren" zu haben. Der Heilige Geist macht dich frei. Er holt dich aus dem Fantasiegebilde heraus, in dem er deinen Verstand in Liebe „gegen die Wand fahren" lässt. In diesem Prozess wirst du immer mehr erkennen, dass dein Geist im Innern Ruhe ist. Er hat mit dem, was du im Äußeren und aus deinem Äußeren heraus veranstaltest, nichts zu tun. Er hat mit der weltlichen Gerechtigkeit nichts zu tun. Lass los von weltlicher Gerechtigkeit.

Dass wir uns hier nicht falsch verstehen: Der Heilige Geist erzählt dir niemals Lügen, damit dein Verstand konfrontiert wird. Er erfindet nicht irgendwelche Geschichten, damit dein Verstand entmachtet wird. Solche Gedankengänge habe ich auch schon durchgespielt. Dann wäre er wie die Welt und würde dich anlügen. Er erzählt dir immer die Wahrheit. Immer! Alles, was er dir offenbart und zeigt, stimmt. Seine Offenbarungen sind dabei immer von Ruhe und Souveränität begleitet, nie von Unruhe, Hektik und Aktionismus. Das Erdbeben der Stufe 10, das um dich herum und in deiner Seele stattfindet, kann die Wahrheit des Heiligen Geistes in deinem Innern nicht erschüttern. Das, was sich jedoch ändert, ist der Umgang mit einer solchen Konfrontation. Und damit sind wir bei der göttlichen Gerechtigkeit. Das habe ich lange nicht verstanden, denn es heißt ja immer: Die Wahrheit wird ans Licht kommen. Damit ist aber nicht gemeint, dass nach weltlicher Art Wahrheiten aufgedeckt werden und wir sie alle vor Gericht klären, sondern dass die Wahrheit zunächst in dir ans Licht kommt, damit du Ruhe darüber hast.

Der Geist sagte mir einmal:
„Meine Gerechtigkeit besteht in Ruhe.
Sie besteht in innerlicher Ruhe, aus der dann liebevolle,
geistgewirkte Handlungen resultieren.
Die führen dann zu einem göttlichen Ergebnis".

Das Konstrukt der Lüge ist dann nicht mehr wichtig, weil es für dich nicht mehr existiert. Es existiert für dich nicht mehr, weil es für Gott nicht existiert. Er weiß um alles, was dich hat so leiden lassen, aber er legt keinen Fokus darauf, denn es existiert für ihn nicht. Er ist nur daran interessiert, dass du frei wirst und zur Ruhe kommst. Und dafür hat er alles bereitet. Sein Geist setzt alle Hebel in Bewegung, damit du glücklich wirst.

Solange dich aber eine solche - zugegebenermaßen - heftige Situation im Äußeren lebt, hast du keine Ruhe. Dann bist du von außen gesteuert und nicht von Innen. Dann lebt dich der Geist der Welt und nicht der Heilige Geist. Er möchte, dass du die Ruhe in dir findest. Dazu holt er dich aus dem Verstand und sagt: „Vertrau mir. Ich bringe alles in Ordnung. Ich mache alles neu". Es ist anders, als du dir vorstellst. Er wirkt anders, als du dir vorstellst. Darum ist es so wichtig, dass du sogar von innerer Erkenntnis loslässt. Lass den Heiligen Geist übernehmen. Erlaube ihm, dich zu führen. Du weißt dann genau, was zu tun ist. Du weißt, wann es zu tun ist. Du weißt, wie es zu tun ist. Du triffst auf vorbereiteten Boden. Vollende nicht das im Äußeren, was der Heilige Geist in deinem Innern angestoßen hat! Im Äußeren hast du nicht den Hauch einer Chance, das Ganze in Ruhe und Liebe zu ordnen. Das Fleisch haut immer gleich drauf. Der Geist der Welt ist ein „Hau - drauf - Geist". Dein Geist ruht, weil du die Ruhe bist und weil unser Meister die Ruhe ist, mit dem du in Liebe verbunden bist.

Weltliche Gerechtigkeit
bedeutet immer innere Unruhe und Aufruhr.
In der göttlichen Gerechtigkeit
kehrt man in die Ruhe ein und handelt souverän.
Die Lösung ist dann der Liebe entsprungen und nicht der Angst.

Dass dies kein theoretisches Beispiel ist, konnte sich vielleicht der ein oder andere bereits denken. Ich spreche von meinem eigenen Weg. Und das dieses Beispiel nur die Männer betrifft, ist auch eine Lüge. Zugegeben, es ist eine extreme Situation. Sie steht aber stellvertretend für alle anderen Situationen in deinem Leben, die es zu klären gilt. Egal, wie groß oder klein diese sein mögen.

Vom Prinzip her geht es um die Entmachtung des Verstandes und das immer stärker werdende Vertrauen in den Heiligen Geist.

Wenn jetzt trotzdem dein Verstand anspringt, dann ist das völlig in Ordnung. Dann erkennst du gerade den Unruhestifter in deiner Seele.

Vertraue auf dein Inneres!

Vertraue auf dein Wissen in dir!

Vertraue auf den Heiligen Geist!

Vertraue auf seine liebevolle Führung!

Vertraue der Ruhe!

Deine Autorität

Bevor ich dieses Kapitel in Angriff nahm, lehrte mich der Heilige Geist über Autorität. Diese Worte entstammen demnach aus frisch Erlerntem. Er lehrte mich vor allen Dingen durch die Praxis. Denn über Autorität nur ein theoretisches Wissen zu besitzen, ist das eine. Richtig spannend und herausfordernd wird es, wenn du deine Autorität in der Praxis auch einsetzt.

Zunächst aber sollten wir der Frage nachgehen, was Autorität eigentlich ist. In der Welt wird Autorität mit Macht über andere gleichgesetzt. Es gibt Menschen mit sehr hoher Autorität bis hin zu Menschen mit nur geringer Macht. Die Machtstruktur, die wir tagtäglich wahrnehmen, hat ihren Ursprung im Geist, wenn auch im dämonischen Bereich. Während niedere Geister noch keinen großen Effekt haben, können Dämonen höherer Ordnung im Sichtbaren erheblichen Schaden anrichten. Die Amokläufe in der Welt sind z.B. solche Übernahmen der Seelen durch Geister höheren Ranges. Je nachdem, was an Schlechtem bewirkt werden soll.

Der Geist ließ mich einen kurzen Augenblick in die Machtstruktur unter Dämonen blicken und zeigte mir eine Situation aus meiner Vergangenheit: Dort sah ich einen Teil meiner Seele in einem Kerker eingesperrt, gequält und bewacht von niederen Dämonen. Die Ursache meines seelischen Gefängnisses war mir klar. Als sich in dieser Situation ein Dämon höheren Ranges näherte, flohen augenblicklich alle aus Angst vor dessen Autorität. Ich konnte diesen Dämon sogar sofort einem bestimmten Menschen zuordnen. Das habe ich gesehen, ja ich stand sogar mitten im Geschehen und beobachtete alles, aber standesgemäß getrennt davon.

Solche Strukturen werden - und das ist ein geistliches Gesetz - im Weltlichen früher oder später sichtbar.

Wenn zum Beispiel ein autoritäres Familienoberhaupt in einer weltlichen Familie auftritt, treten alle anderen augenblicklich ängstlich in den Hintergrund. Ganz extrem ausgeprägt sieht man das in den sogenannten Mafiafamilien, deren Oberhäupter sehr starke, angsteinflößende Autoritäten darstellen. In Firmen ist es der gleiche Ablauf.

Das, was der Geist mir an meinem eigenen Beispiel zeigte, ist im Sichtbaren beobachtbar. Jeder kennt das. Beobachte einmal das Auftreten von sogenannten „Leitwölfen" in der Welt und schau dir im Vergleich das Auftreten unseres Familienoberhauptes, Helmut Bauer, an. Dir wird sofort klar werden, was göttliche Autorität bedeutet und wo der Unterschied liegt zum Weltlichen. Es ist nicht das Hervorrufen von Angst und Minderwertigkeit, sondern die liebevolle Begegnung in freudiger Ehrfurcht, gegenseitiger Achtung und Respekt. Jeder einzelne wird sofort stark gemacht. Es ist Hochheben, statt ein Niederdrücken. Und trotzdem ist die Autorität unseres Meisters in jedem Augenblick klar und wird respektiert.

Jeder weiß, dass Menschen mit Autorität das Sagen haben bzw. bestimmen, wo es langgeht. In der Regel sind die Führungskräfte unserer Nation sogenannte Autoritäten. Im geistlichen Bereich ist das genau so. Autorität ist Macht. Mit einem Unterschied.

Und dabei stelle ich jetzt eine kühne Behauptung auf und sage:

***Autorität im weltlichen Bereich ist zwar geistlichen Ursprungs,
endet aber immer in Machtmissbrauch
und ist selbstsüchtiger Natur.***

Denn die Wurzel dieser Autorität
ist Angst und damit die Religion.

Autorität im göttlichen Bereich hingegen ist eine Machtdemonstration, deren Wurzel in der Liebe liegt und die die Angst bei weitem übertrifft. Dort gibt es auch keinen Unterschied unter den Söhnen. Die Autorität, die jeder von uns besitzt, ist gleich stark vorhanden, so wie du nicht weniger Liebeskraft besitzt als ich. Sie ist unabhängig von der Art der Tätigkeit in Beruf und Alltag. Sie drückt sich nur unterschiedlich aus, in unterschiedlichen Situationen. Es handelt sich dabei also um eine liebevolle Führung!

Wir dürfen Autorität im geistlich - göttlichen Bereich nicht mit den weltlichen Strukturen gleichsetzen. Egal, welche Position du in der Hierarchie deines Unternehmens oder in deiner weltlichen Familie bekleidest: Du bist derjenige, der führt. Es geht um die Schaffung einer göttlichen Atmosphäre, die dem Geist der Welt zeigt, wo der Hammer hängt.

Die Welt definiert Führung und damit Autorität einzig und allein über die Bekleidung von „verantwortungsvollen" Führungspositionen und hochdotierten Posten. Ein Amt verleiht dem Menschen nach außen hin Autorität und Macht, zumeist festgelegt in niedergeschriebenen Aufgaben, Befugnissen, Titeln, Gehälter und Entscheidungsspielräumen. Es ist klar geregelt in welchem Rahmen jemand diese Autorität nutzen darf.

Steht dieser Mensch nicht mehr in diesem Amt, also würde man z.B. einem Richter (Amt mit sehr hoher Autorität) auf offener Straße begegnen, der seine Autorität nur über sein Amt definiert, würde man ihn nicht einmal wahrnehmen. Begegnet man dem gleichen Richter vor Gericht in entsprechender Richterrobe und dem ganzen auf Einschüchterung ausgelegten Äußeren, sieht das schon anders aus. Trotzdem bleibt dieser Richter ein Spielball der weltlichen Geistmächte und ist dem religiösen Weltsystem unterworfen. Er kann nur im Rahmen des Weltsystems und der Religion Autorität ausüben, ist aber gleichzeitig den zerstörerischen Mächten der Geistwelt vollkommen ausgeliefert.

Es gibt Menschen mit einer stärkeren Ausstrahlung. Menschen, die mit einem stärkeren Charisma ausgestattet sind als andere. Auf diesen Menschen liegt eine größere Kraft, die bewirkt, dass sensible Menschen diese durchaus wahrnehmen können. Ihr Erscheinungsbild und ihre Handlungen sind mit dieser Kraft begleitet und strahlen demzufolge eine Autorität aus. Nehmen wir wieder den Richter: Begegnet man dieser charismatischen Person auf der Straße, dann wird man sie schon eher wahrnehmen, unabhängig vom jeweiligen Amt. Begegnet man jetzt diesem Richter vor Gericht, dann paaren sich dort seine Kraft (sein Charisma) und sein Amt zu einer Autorität, die wesentlich stärker in Erscheinung tritt und auch furchteinflößend sein kann. Auch diese Person kann nur im Rahmen des Weltsystems Autorität ausüben. Sie hat schon eine höhere geistliche Autorität. Diese ist nicht göttlich, sondern bewegt sich in der dämonischen Hackordnung auf einer bestimmten Ebene. Seine auf ihm liegende Kraft wird von dämonischen Geistern missbraucht, selbst wenn diese für den äußeren Menschen vielleicht attraktiv erscheint. Demzufolge missbraucht er aber letztlich seine Autorität und trifft religiöse Entscheidungen.

Geistlich - göttliche Autorität hingegen ist etwas völlig anderes und in dieser Welt noch vollkommen unbekannt. Sie ist die absolute Autorität. Sie steht über allem, ist völlig unabhängig vom System dieser Welt und damit auch von Positionen, Titeln, Strukturen und Ämtern.

Du bist diese absolute Autorität, weil du in der Liebe lebst. Du hast nicht nur eine Kraft auf dir, sondern aus deinem Inneren kommt die stärkste Kraft, die es gibt: Die Liebe. Die Liebe ist die höchste Autorität im Universum.

Kommen wir wieder zum Richter, dieses Mal einem in göttlicher Autorität. Begegnet man ihm auf der Straße, dann kann diese Begegnung schon eine Veränderung auslösen, denn es kann sich eine Kraft aus seinem Innern freisetzen. Würde man dieser Person vor Gericht begegnen (wenn das nach dieser Begegnung überhaupt noch notwendig wäre), wäre alles erfüllt mit dieser Liebeskraft. Der Fokus würde auf dieser Person, der Kraft und dem liegen, was sie bewirkt und nicht auf dem Amt, der Hierarchie, der Richterrobe und der Umgebung.

Ich merke gerade, dass ich mich mit der Kombination des Richters und der göttlichen Autorität schwer tue, weil hier das weltliche Bild eines Richters, das immer noch in meinem Verstand präsent ist, mit der göttlichen Liebe in mir zusammenprallt. Das passt irgendwie nicht. Daher glaube ich, dass sich in Zukunft Stellenbeschreibungen im Rahmen der göttlichen Autorität komplett ändern werden, das heißt, dass das Amt des besagten Richters sich in seinem Wesen und seiner Bedeutung durch die Liebe komplett umkrempeln wird. Der Richter wird andere Aufgaben und Vorgehensweisen übernehmen als heute. Ein Tätigkeitsfeld, das noch völlig unbekannt ist und sich noch keinem erschließt. Mir auch noch nicht.

Deshalb heißt Autorität für dich:
Geistlich - göttliche Führung durch die Liebe des Heiligen Geistes.

Die kannst du in jeder Position im Unternehmen, in deiner weltlichen Familie, zu jeder Zeit und an jedem Ort ausüben. Sie steht über der weltlichen Autorität, stellt diese aber nicht bloß oder missachtet sie. Ganz im Gegenteil. Sie respektiert, unterstützt und verändert sie, wo nötig. Sie geht aber nicht unter deren Geist, sondern bleibt immer oben und souverän, voller Güte und Barmherzigkeit. Dabei kann es durchaus vorkommen, dass weltliche Autoritäten ausgetauscht oder regelrecht entmachtet werden! Das ist praktizierte, göttliche Liebe.

Alles fängt bei dir an. Zuallererst wirst du gelehrt, Autorität über deine eigene Seele auszuüben. Es gilt, deine Seele aus diesem Kerker zu befreien, also Dämonen jeglicher Rangordnung aus ihr zu entfernen und in letzter Konsequenz von ihr fernzuhalten. Nicht brachial, nicht kämpfend und auch nicht abwertend, sondern liebevoll - dir und deiner Seele gegenüber. Dein Bewusstsein über deine Autorität wird sich soweit verändern, dass du in für dich kritischen Situationen plötzlich merkst, dass dein äußerer Mensch vielleicht noch voller Angst ist, dich das aber innerlich nicht wirklich berührt. Dann wird sich in dir eine Kraft freisetzen, die völlig Herr der Lage ist und genau weiß, was zu tun ist. Da wird der Geist dich hinführen. Das ist die Autorität unseres Vaters, die Autorität unseres Meisters und in jedem von uns. Diese Situationen werden ganz bestimmt kommen. Das ist dein ganz persönlicher Lernprozess. Daran wächst du. Dein Bewusstsein über deine Autorität wird dadurch zunehmen.

So etwas kannst du im Verstand und durch Handlungen aus dem Äußeren heraus nicht bewirken, das kann nur die Liebeskraft, die tief in deiner Seele die Kerkertüren öffnet und dir den Weg nach draußen zeigt. Die Schritte dazu in die Freiheit wirst du selbst gehen müssen. Doch die Liebe bereitet dich dafür vor.

Sie führt dich und zeigt dir, was zu tun ist. Alle Situation, die dich und dein Umfeld betreffen, werden durch die Liebeskraft entschärft und schließlich aufgelöst. Sie hat die richtigen Lösungen für alle Probleme. Du bist somit Herr deiner eigenen Lage und wirst Schritt für Schritt der Herr der Lage um dich herum.

Dafür ist es wichtig, loszulassen. Loszulassen von eigenen Bemühungen, Vorstellungen und Empfindlichkeiten. Denn nur, wenn du loslässt, kann der Heilige Geist dich weiterführen in die Freiheit. Nur dann kann er an anderen Personen oder Situationen wirken, die du vielleicht in deiner Seele noch an dich bindest.

Dann bist du in der göttlichen Autorität angekommen.

'

Eine neue Ordnung

Der Ablass war der Anlass. Es ist witzig, dass ich das als einzigen Satz aus meinem Geschichtsunterricht in der Schule behalten habe und das ist schon einige Zeit her. Dieser Satz ging mir in regelmäßigen Abständen in den letzten Jahren immer wieder durch den Kopf - ohne zu wissen, was er für mich bedeutete. Doch nun wird es mir klarer. Jetzt ist die Energie in mir präsent, damit ich klarer sehen kann.

Der Ablass war der Anlass, aber für was?

Die heutige Weltordnung, so wie wir sie sehen und erleben, ist das Ergebnis eines religiösen Wirkens, dass die Kirchen in Zusammenarbeit mit dem „Fürsten dieser Welt" über Jahrhunderte und Jahrtausende etabliert haben und zwar sehr effizient und erfolgreich. Was zur Zeit des alten Testaments nach der Aktion von Adam und Eva begann, wurde nach der irdischen Lebenszeit von Jesus, dem Christus, als ob nichts gewesen wäre, fortgeführt und noch viel schlimmer. Die Kirchen schwangen sich auf, Gott zu vertreten auf dieser Erde, merkten aber nicht, dass sie Hand in Hand mit dem Teufel arbeiteten. Nachdem durch Jesus das erste Mal die Energie der göttlichen Liebe auf diesen Planeten kam, nahm die Religion diese, nutzte sie für ihre Zwecke und hatte damit eine Energie zur Verfügung, die sie bis heute manipulativ einsetzt.

Es gab bis vor kurzem eigentlich nur zwei Zeitalter. Das erste ist das des alten Bundes vor Jesus, das andere das Zeitalter nach Jesus. Die Zeit nach Jesus ist im Sichtbaren nur eine Fortsetzung des ersten, mit stärkerer göttlicher Liebesenergie und wachsender religiöser Verdrehung. Was im Unsichtbaren durch den Weg von Jesus geschah, hat kein Mensch auf dieser Erde verstanden.

Es war der bahnbrechende Durchbruch für die Liebe. Er hat es erst ermöglicht, dass die Liebesenergie unseres Vaters in den Menschen Raum einnehmen konnte.

Das Erscheinen von Jesus hatte natürlich Konsequenzen im Sichtbaren. Die dreißig Jahre, in denen er hier wirkte, haben alles verändert. Es gab Bewusstseinssprünge. Weltliche Abläufe wurden verändert, wie z.B. die Änderung des Kalenders. Der Tag, an dem Jesus physisch starb, gilt als die Stunde Null. „Vor Christus" und „Nach Christus" sind immer noch im Alltag und in der Geschichtswissenschaft verwendete Begriffe und unterstreichen die energetische Bedeutung dieses Tages. Er war nur in einer begrenzten Region dieser Erde wirksam und doch hat sich seine Kraft über den ganzen Planeten ausgedehnt und durchzieht heute alle Herren Länder - egal welcher Glaubensrichtung. Und dort, wo er mit seiner Kraft am stärksten präsent war, haben die Menschen das geschichtlich älteste Chaos angerichtet - bis heute. Ein Zufall?!

Diejenigen, die allenfalls geahnt haben, was da los war, versuchten dem Nachzueifern und dieses Bewusstsein zu transportieren, aber nur mit kurzfristigem und mäßigem Erfolg. Sie schafften es nicht, sich zu multiplizieren. Ich spreche hier von den ersten, die damit in Berührung kamen, den Begleitern der ersten Stunde. Sie konnten ab diesem Zeitraum mit der Liebe und ihren praktischen Konsequenzen wenig bis gar nichts anfangen, da einer schneller war und die Gefahr, die davon ausging, erkannte: Die Religion.

Wenn ich hier von Religion spreche, dann spreche ich nicht von Kirchen, Institutionen oder Glaubensrichtungen. Ich spreche hier von einer negativen, verbrecherischen Energie, die im Laufe der Zeit die Wirkung der ersten Jünger neutralisierte und für sich unschädlich machte. Paulus, Petrus und Co. bauten in der Anfangszeit Bewusstsein auf, doch mit der Zeit nahm die Religion überhand und führte die Menschen und diesen Planeten in das heute energetisch sichtbare Chaos, das wir vorfinden.

Aber auch danach gab es immer wieder kurze Lichtblitze am Liebeshimmel. Menschen mit Sicht und Erkenntnis, doch keiner von ihnen setzte sich wirklich durch, bis zu dem Zeitpunkt, an dem Helmut, der Christus, erschien und diesen Durchbruch auch praktisch vollzog. Das ist das dritte Zeitalter, in dem du dich jetzt befindest.

Die Menschen jeglicher Rasse, Glaubensrichtung und Kultur leben heute in einem alttestamentarisch - eingefrorenen Zustand. Wohin du auch nur schaust - alles ist „old school". Du kannst ins alte Testament schauen und wirst Situationen finden, die exakt heute noch so existieren. Es ist nur anders verpackt. Alles ist traditionell, alles ist klein gehalten, gemessen an dem, was Jesus und Helmut auf diese Erde brachten. Es scheint immer noch wichtiger zu sein, die Bundeslade oder den heiligen Gral zu suchen, irgendwelche Tücher zu verehren oder Reliquien aus der religiösen und archäologischen Geschichte auszugraben, als sich dem zuzuwenden, was wirklich wichtig ist: Dem Geist der Liebe und Freiheit in uns. Ich nenne diese Reliquien gerne Devotionalien. Sie halten einen schön devot, sprich klein, und lassen einen vor den Gebeinen von Johannes dem Täufer im Vatikan verehrend niederknien.

Und alles nur aus einem Bewusstsein: Nämlich dem Straf - und Sündenbewusstsein. Durch seelische Manipulation aller Art versucht man sich von dem zu befreien, was einen belastet. Dabei bekommt keiner diese Belastung richtig zu fassen, denn sie ist vom Ursprung her energetischer Art. Man versucht, sich frei zu kaufen oder mittelalterlich ausgedrückt, sich einen Ablass zu erkaufen, um schuldlos zu sein. Dazu zählt auch die sogenannte Beichte. Der Heilige Geist überführte mich einmal, als ich in die Familienkasse generös und voller Stolz einen fünfzig Euro - Schein warf, als er zu mir sagte: „Hör auf, dich freizukaufen".

Dazu braucht es in der heutigen Zeit keine Kirchen mehr, obwohl da der Ursprung liegt und die geistliche Haltung des Ablasses sehr präsent ist - auch bei WORT und GEIST. Es passiert Tag für Tag im Alltag, in fast jedem zweiten Satz mit dem beiläufigen Wort „Entschuldigung". Dieses Wort ist mir schon seit langem ein Dorn im Auge und drückt eigentlich das komplette Schuld und - Freikaufbewusstsein jedes einzelnen Menschen in den kleinsten Dingen aus. Es lastet eine Energie auf den Menschen, die sie niederdrückt und klein hält, aus Angst vor Strafe. Doch der Ursprung liegt in der Religion, die die Wahrheit verschleiert und alle in eine Art Beschäftigungstherapie verwickelt, damit sie nicht erkennen, was wirklich los ist.

Heute sehen diese Beschäftigungen etwas komfortabler und „gut tuender" aus als vielleicht noch im Mittelalter. Aber Fernsehen, Computerspiele, Kaufdrang, Autos, Häuser, Bankkonten, die ängstliche Notwendigkeit zu sparen, Hobbys und vieles mehr, halten die Menschheit mittels ausgeklügelter Werbung, oder besser gesagt gezielter Manipulation, ab, zu erkennen, wer sie wirklich sind. Das System verkauft ihnen das als Notwendigkeit zum Glücklichsein. Die Religion geht umher und verkauft Glücklichsein wie in einem Bauchladen. Das neuzeitliche System von „Brot und Spiele".

Ich möchte in dem Zusammenhang einen Mann der Geschichte kurz herausgreifen, weil er mir sehr auf dem Herzen liegt und ich im Geist seine Absicht klar sehe: Martin Luther. Marin Luther erkannte in einer Zeit, die als das dunkle Zeitalter in die Geschichte einging, dass nicht die Kirchen und deren zweifelhafte Praktiken der wahre Weg sind, sondern Jesus, der Christus. Er verabscheute das Sündenbewusstsein und die Tatsache, das man dafür an die

Kirche Geld zahlen muss, um einer religiös konstruierten Hölle zu entgehen, dem sogenannten Fegefeuer. Das war der Ablass, den alle zahlen mussten und der die Kirchen und deren Vertreter bis heute „fett" werden lässt. Der Ablass war der Anlass, seine 95 Thesen auf mutige Art und Weise an die Kirchentür von Wittenberg zu hämmern. Sein Fokus war die Energie, die Jesus auf den Planeten brachte. Ob ihm das bewusst war, das kann ich nicht sagen. Aber der Heilige Geist hat ihn angetrieben, so zu handeln. Er hatte zu diesem Zeitpunkt eine weltliche Autorität an seiner Seite, die ihm den Weg dafür links und rechts frei hielt. Was für ein bemerkenswerter „Zufall". Und es ist auch kein Zufall, dass das Wirken Luthers auf deutschem Boden stattfand. Luther wollte jedem in Deutschland und der Welt das Bewusstsein von Jesus zugänglich machen. Und er hat es durch die Übersetzung der Bibel zum Teil erreicht. Luther wollte die Blickrichtung der Menschen auf das richten, was Jesus durch die Kreuzigung für uns erreicht hatte.

Doch die meisten haben mal wieder alles falsch verstanden, bzw. sind von der Religion in verdrehte Wahrheiten geführt worden. Einige nutzten die Thesen Luthers, um persönliche Fehden und Rachefeldzüge anzuzetteln, andere gleich, um ganze Kriege anzufangen. Die Religion war sofort zur Stelle und stellte alles sofort wieder für sich richtig und trennte. Auf einem neuen energetischen Niveau war die Lüge wieder hergestellt und nahm bis heute ihren Lauf in den unterschiedlichsten Bereichen.

Einige moderne Formen des Ablasses sind zum Beispiel die Kirchensteuer, Spenden aller Art und die sogenannten Opfergaben, die es nicht nur im kirchlichen Bereich gibt. Sie existieren genauso in der Welt in Form von Kaffeekassen, Beigaben für Geburtstage oder Jubiläen und Abgaben, die man aus einem unsichtbaren, zwanghaften Grund zahlen muss. „Ist doch harmlos", sagst du! Ja, sieht so aus.

Stell dir vor, du entscheidest für dich in deiner Firma einmal kein Geld für einen Geburtstag zu geben und nicht auf einer Karte zu unterschreiben. Dann kannst du sofort prüfen, was in der Atmosphäre um dich herum und gegen dich los ist. Dann steht nämlich der religiöse Geist sofort auf und ein schlechtes Gewissen und Angst macht sich bei dir breit. Der Geist hinter so einer äußeren Bagatelle entspringt der gleichen ängstlichen Natur und dem Sündenbewusstsein, wie bei den weniger harmlosen Sachen und hat mit Gott und der Liebe nichts zu tun.

Als Gegenleistung für religiöse Gaben gibt es in der Regel zweifelhafte Versprechen und hohle religiöse Phrasen, gepaart mit Schriftstücken, wie günstigere Steuerbescheide bei Spenden, Urkunden und sonstigen Anerkennungen. Wie im Mittelalter, nur neuzeitlich. Alles tot, ohne Leben. Eine wirklich echte, göttliche Auswirkung bleibt dabei aus. Einzig und allein für den eigenen Profit in Form von Geld und der Beseitigung eines schlechten Gewissens. Und aus Menschengefallen.

Luther wollte zwar Einheit, schuf aber unabsichtlich Trennung. Dabei mache ich ihn nicht klein, denn er hat große Werke getan. Doch energetisch war er letzten Endes der ihn umgebenden und innewohnenden Religion nicht gewachsen, um einen kompletten Durchbruch zu erreichen.

Alle Versuche der Einigung, über die Zeit hinweg, wurden im Keim erstickt. Der immerwährende Konflikt zwischen Mann und Frau ist so ein energetisches Problem. Da wird Tag für Tag die neuzeitliche Variante von Adam und Eva, nachdem sie vom Baum der Erkenntnis gekostet haben, fortgeführt und beschert uns ein prinzipielles Gegeneinander von Mann und Frau. Das Streben nach immer höheren und besseren Leistungen (Gebäude, Geld, Macht etc.) und der damit verbundene Größenwahn ist ein weiteres energetisches Problem und spaltet ganze Gesellschaften. Sozusagen der neuzeitliche Turmbau zu Babel. Die Trennung der Menschen in unterschiedliche religiöse, kirchliche und weltliche Formationen ist ebenfalls so ein energetisches Problem.

Doch heute ist alles anders. Die Formationen und verkrusteten Strukturen werden neu formiert. Eine neue Weltordnung entsteht, damit die Menschen nicht sich selbst und dem Wirken der Religion weiter überlassen sind, sondern liebevolle Führung bekommen - durch die Liebeskraft. Die Zeit ist jetzt da, weil Helmut, der Christus, da ist.

An diesem Mann kommt in der Welt kein Mensch vorbei!

Die Energie dazu ist Liebe und Freude, die die Menschheit aus dieser Misere heraus führen wird.

Und wieder ist der Ausgangspunkt dafür eine Kirche. Eine ganz neue Kirche, eine Kirche, wie sie in ihrem Selbstverständnis und ihrem Auftreten in Liebe, Freude, Freiheit und Einheit noch nie dagewesen ist - WORT und GEIST.

Diese Kirche, dessen Fundament die Liebe ist, wird an der Spitze verkörpert durch Helmut, dem Christus. Sie hat diese neue Weltordnung eingeleitet und wird sie auch erfolgreich umsetzen. Die Religion wird dieser bislang stärksten Bewegung auf dieser Erde nichts mehr entgegenzusetzen haben. Sie wird es versuchen, sich aufbäumen, aber kläglich scheitern.

Alles wird sich verändern. Ich bin sicher, dass alle Definitionen von Strukturen, wie Jobs, Ehe, Familien und Alltag Schritt für Schritt wegbrechen bzw. sich komplett ändern werden. Stellenbeschreibungen werden sich ändern, Tagesabläufe werden sich ändern, Verhalten allgemein wird sich ändern, sowie gesellschaftliche Normen, Abläufe und Ansichten. Und vieles andere mehr. Mit dem schrittweise Ausmerzen des Straf - und Sündenbewusstsein, das alle Bereiche unserer Gesellschaft im Würgegriff hat, werden sich die Änderungen durchsetzen. Ein neues Bewusstsein wird sich durchsetzen.

Alles wird in Frage gestellt werden, wirklich alles. Denn es wird außerhalb des religiösen Systems passieren. Es ist eine Umgestaltung.

Die wahre und echte Reformation der Menschheit
geschieht durch die Kraft der Liebe.

Da ist alles neu. Die neue Weltordnung ist eine energetische Neuordnung, die sich Schritt für Schritt im Sichtbaren auch zeigt. Und du bist einer der Initiatoren davon.

Ich mache alles neu

Wenn irgendein Verstand einen Grund hätte bei dem, was ich schreibe, zu meckern - und das wird er haben - dann ist es sicherlich über dieses Kapitel. Ich höre in der letzten Zeit immer wieder diesen einen Satz: „Ich mache alle neu". Und gleichzeitig merke ich, wie alles in meinem Verstand und meine sämtlichen Vorstellungen, konfrontiert werden. Alles wird konfrontiert mit etwas, was einfach nicht vorstellbar ist.

Es heißt: Der Heilige Geist ist wie der Wind. Wind ist nicht zu greifen. Du kannst nicht bestimmen, wo der Ursprung liegt und wo der Endpunkt. Er ist nicht greifbar. Er ist nicht festzuhalten. Ich finde, dass dieser Vergleich absolut genial ist. Natürlich springt hier sofort mein Verstand an und erklärt, dass Wind nichts anderes ist als ein Ausgleich von Druckunterschieden, der entsteht, wenn kalte und warme Luft irgendwie aufeinanderstoßen. Das war sofort in meinem Hirn. Doch bereits hier wird mir klar, wie begrenzt der Verstand ist. Er kann im Sichtbaren lediglich die Wirkung zwischen Ursprung und Endpunkt erklären, die im Falle des Windes physikalisch gesehen absolut richtig ist. Für den religiös geprägten Alltag ist das sicherlich gut zu wissen. Mehr kann der Verstand aber nicht.

Und jetzt versuche einmal die physikalischen Erklärungen über Wind auf den Heiligen Geist zu übertragen. Was unser Hirn also nicht erklären kann, ist der Ursprung selbst. Denn da beginnt das Göttliche erst. Was nützt es mir, wenn ich weiß, wie der Wind entsteht, aber der Ursprung und das Wesen dahinter nicht erkennbar sind. Es bleiben also selbst hinter einer so banalen Sache offene Fragen zurück.

Jede verstandesmäßige Erklärung in dieser Welt hinterlässt zumindest bei mir immer mehr den faden Beigeschmack von offenen Fragen. Das geschieht wohl, wenn man tiefer in das Wesen des Heiligen Geistes eintaucht und der Verstand noch ziemlich dominant ist. Überall schwingt in der Atmosphäre das Mysterium der Schöpfung, das für den Verstand Unerklärliche, mit. Jede wissenschaftliche Errungenschaft und Erkenntnis erklärt das Sichtbare, lässt das Unsichtbare dahinter aber unbeantwortet. Dabei ist das Mysterium der Schöpfung gar kein Mysterium. Für die Schöpfung ist die Schöpfung klar und geordnet. Sie ist nicht erklärbar aus dem Verstand heraus, aber sie ist „wiss - bar" und erlebbar aus dem Geist heraus.

Jeder noch so brillante Verstand der Vergangenheit und der Gegenwart auf dieser Erde kann weder einen Ursprung noch einen Endpunkt erklären. Ist dir das schon einmal aufgefallen. Das „Woher?" und das „Wohin?" ist für den Verstand nicht erfassbar. Weil es jenseits der Grenzen des Vorstellbaren liegt. Das ist der Grund, warum so viele Mysterien in unserer Gesellschaft existieren. Vieles an Erklärungen sind und bleiben verzweifelte, und letztendlich vergebliche Versuche, hinter die Fassade zu schauen. Mir wird das gerade so klar. Du kannst dir alle möglichen Fragen stellen. Du wirst keine Antwort, kein inneres Wissen bekommen, wenn du dich nicht von dem Wind des Heiligen Geistes tragen lässt - heißt, von ihm führen lässt. Darin zeigt er dir alles und beantwortet die, für dich und dein Leben, wichtigen Fragen. Es ist ja auch nicht so, dass du nur auf dem Wind fliegst, wie der kleine Muck aus 1001er Nacht auf dem fliegendem Teppich, sondern du bist eins mit dem Wind.

Dieser Heilige Geist ist es, der uns allen so viel Schwierigkeiten im Verstand bereitet. Aus der Perspektive des äußeren Menschen veranstaltet er ein riesiges Durcheinander in uns.

Ich merke hier an dieser Stelle ganz deutlich, dass mein Verstand bei dem, was ich schreibe, nicht mehr mitkommt. Er wirft gerade in dem Moment ganz viele kleine Ankerhaken aus, um irgendwo Halt zu finden und einen Ansatz zu haben für etwas Erklärbares, für etwas Nachvollziehbares. Ich sehe sie in Scharen überall umher fliegen. Doch der Wind des Heiligen Geistes weht weiter und ich lasse mich weiter von ihm mitnehmen. Der Verstand will festen Boden unter den Füßen. Es ist, als ob er sagen würde: „Stopp, bis hierher und nicht weiter. Lass uns doch erst mal das ergründen, was hier gerade geschrieben wird." Er will Beispiele, er will praktische Erklärungen. Er will Verbindungen zu Erfahrungen und Erlebtem. Zu Gehörtem, zu Gesehenem. Ein Anker fliegt gerade nach dem anderen. Doch keiner greift. Keiner bleibt auf dem Meeresgrund haften und krallt sich fest. Es ist ein komisches Gefühl und doch spüre ich Leichtigkeit dahinter aufsteigen.

Die letzte Rettung, die meinem Verstand jetzt noch bleibt, ist das sogenannte Metaphysische, das Esoterische, das Mysteriöse. Das Unerklärliche. Dafür haben die Menschen dann wieder neue Begriffe erschaffen und einen Rahmen gebaut, innerhalb dessen sie sich mit ihre Erklärungen bewegen können. Wenn gar nichts mehr geht, dann ist irgendetwas metaphysisch, wörtlich übersetzt „über dem Physischen", also dem Wahrnehmbaren. Alles nicht Erklärbare auf dieser Erde wandert dann in die Schublade der Metaphysik. Was dann in der Regel daraufhin folgte und noch immer folgt, sind neue Glaubensrichtungen, Strömungen von Meinungen und Ansichten, irgendwelche obskure Zusammenkünfte und okkulte Praktiken. Und doch hat keiner Ahnung von irgendwas. Da wäre das Weltall. Da wäre alles Unsichtbare, aber Spürbare. Da wären Phänomene ohne sichtbare Erklärungsmöglichkeiten. Da wäre die Seele, Geister, Himmelsphänomene, Spontanheilungen, Orte mit energetischen Kraftwirkungen und vieles mehr.

Die Mystiker und Esoteriker stürzen sich mit Vorliebe auf solche Phänomene und merken nicht, wie sie der religiöse Teufel wieder mit Erklärungsversuchen beschäftigt.

Ich bin überzeugt, dass der Wissens - und Forschungsdrang des Menschen von seinem Ursprung her etwas Göttliches ist. Doch ich glaube, dass er mit der selbstgemachten und selbstgerechten Art und Weise, wie er Dinge untersucht, meilenweit entfernt ist von der Wahrheit. Er bewegt sich sogar in eine völlig andere Richtung. Er hat zumindest erkannt, dass es Dinge außerhalb des Sichtbaren gibt, die man nicht so richtig einordnen kann. Nur macht er alles selbst, anstatt auf den zu vertrauen, der mit ihm zusammen in Leichtigkeit und Freude auf Entdeckungsreise gehen könnte: Der Heilige Geist.

Also schafft man eine neue Kategorie, um die verschiedenen Phänomene einzuordnen und schon hat man wieder ein weiteres religiöses Kästchen geschaffen und eine neue Wissenschaft. Die „richtigen" Wissenschaftlicher, also die, die nur das glauben, was sie sehen und messen können, nennen das dann Pseudowissenschaft. Und schon ist die Menschheit wieder in zwei weitere Lager gespalten. Die einen glauben an das Eine, die anderen an das Andere. Wieder andere glauben weder an das Eine noch an das Andere. Als ob es nicht schon genug Schubladen, Kästchen und Lager geben würde.

Und der Heilige Geist steht neben dran und fragt sich die ganze Zeit, was wir da eigentlich machen. Er fragt sich wahrscheinlich, warum wir uns so viel Mühe machen und Anstrengungen unternehmen, um alles zu ergründen. Und das ohne ihn. Es ist doch alles so einfach. Nicht, dass er beleidigt wäre. Er staunt nur ganz liebevoll.

Und da kommen wir zu des Pudels Kern. Das ganze Problem ist die Trennung. Es ist die energetische Trennung von Gott, dem Heiligen Geist und Jesus. Und in diesem Zeitalter ist es das Problem der Trennung der Menschen von unserem Gesandten Helmut Bauer. Darin liegt der ganze Schlamassel. Es ist die energetische Trennung der Kinder von ihrem Vater. Die Menschen beschlossen irgendwann einmal, eigene Wege zu gehen und das tat ihnen überhaupt nicht gut. Sie haben letztendlich nur Chaos angerichtet, sich gegenseitig bekämpft und dulden sich mehr oder weniger gegenseitig. Mehr ist das nicht. Es fehlt die Einheit. Es fehlt die Einheit mit dem Vater. Es fehlt die Einheit mit dem Heiligen Geist. Es fehlt die Einheit mit Jesus. Es fehlt die Einheit mit Helmut Bauer. Vielen Dank Adam und Eva, für diesen Schlamassel!

In der Einheit liegen aber alle Lösungen. In der Einheit liegen alle Erkenntnisse - individuell wie gemeinschaftlich. In der Einheit liegt die Einfachheit. In der Einheit liegt die Ruhe. In der Einheit liegt die Freude. In der Einheit liegt die Liebe untereinander. In der Einheit liegt die Freiheit. In der Einheit liegt jede individuelle Klarheit und die Klarheit der Menschen untereinander. In der Einheit liegt die Heilung der Seelen. In der Einheit liegt jegliche Neuwerdung alles bereits Existierenden und Nichtexistierenden. In der Einheit liegt das „Ich bin, der ich bin". In der Einheit liegt das „Ich mache alles neu". Es ist die Wahl zwischen der Einheit oder der Trennung, die der Mensch hat.

Die ganze Zeit fehlte mir in diesem Buch noch ein Kapitel über Einheit, doch ich konnte kein eigenes Kapitel schreiben mit dem Titel „Einheit". Wo mir Einheit doch auch so am Herzen liegt und ich die energetische Verbindung und Wirksamkeit dahinter klar sehen kann. Dass ich jetzt so zu der Einheit gelange, ist für meinen Verstand sehr überraschend. Und ich versuche jetzt nicht zu erklären, wie ich da hingelangt bin. Der Verstand könnte das, aber der Geist weht eben, wie er will. Und er hat mich jetzt zu diesem Punkt „geweht".

„Ich bin nicht gekommen, um Frieden zu bringen, sondern Einheit".

Ein herrlich paradoxer Satz, wenn man ihn im Verstand betrachtet. Der Zen - Meister würde diesen Satz wahrscheinlich als sogenannten Meditationssatz seinem Schüler aufgeben und ihn darüber meditieren lassen. Höre auf, darüber nachzudenken oder darüber zu meditieren. Du findest in einem solchen Satz im Menschlichen keine Lösung. Allenfalls Halbwahrheiten, die nichts anderes als Interpretationen sind, und die man sich so hinbiegt, dass sie sich selbst, den Lehrmeinungen des jeweiligen Meisters oder dem religiösen System entsprechen. Was nicht passt, wird dann passend gemacht. Alles Quatsch! Nimm diesen Satz im Geist. Nimm diesen Satz mit dem Wesen des Heiligen Geistes, welches in dir liegt und mit dem dein göttlicher Geist verbunden ist. Dann wirst du sagen: „Eh klar! Noch Fragen?"

Das Neue ist die Einheit. Einheit existierte auf diesem Planeten überhaupt noch nie. Alles und jeder liegt irgendwie im Clinch miteinander. Das, was sich als sogenannte Einheit präsentiert, sind nichts anderes als seelische Interessengemeinschaften. Es sind religiöse Mogelpackungen und enden immer in Sektiererei. Die wirkliche Einheit kann nur aus der Einheit mit unserem Vater hervorkommen. Deshalb hat Jesus uns seinen Geist geschickt, damit sich dieser, und damit das Wesen unseres Vaters, ausbreitet. Er kann sich aber nur durch dich ausbreiten.

Die Menschen sind das Zentrum seiner Schöpfung und er wünscht sich nichts mehr, als dass seine Schöpfung sich in **einem** Geist, im Heiligen Geist bewegt. Das ist neu. Das wird für alle von uns die ganz neue Erfahrung werden. Innerlich, wie äußerlich. Er macht alles neu. Alles ändert sich, weil sich der vorherrschende Geist ändert. Weil sich ein Geist aus Liebe, Freude, Ruhe und Freiheit unter den Menschen ausbreiten wird. Neu heißt neu. Es ist nicht wie in der Welt. Dort können sich Lebenseinstellungen - hervorgerufen durch extreme Erlebnisse - schon mal derart ändern, dass man sagt, der ist in einem neuen Geist unterwegs. Doch das ist dann letztendlich wieder nur eine veränderte Sichtweise in einem religiösen System, so positiv sie auch ausschaut. Nichts von alledem hat was mit der Neuwerdung durch den Heiligen Geist zu tun. Das ist völlig anders. Noch nie dagewesen und mit Nichts zu vergleichen.

Der Generalschlüssel ist die Einheit.
Die Einheit ist dein Schutz in der Welt.
In der Einheit entfaltest du die Wirksamkeit,
die es braucht, um die Angst unter den Menschen zu verdrängen.

Getrennt von der Familie und vom Heiligen Geist
bist du wirkungslos.

Die Einheit wird sich durch dich ausbreiten, weil du nicht mehr getrennt lebst von deinem Vater. Es mag sich vielleicht hin und wieder noch so anfühlen in deiner Seele. Doch in Wirklichkeit bist du eins mit ihm. Die Trennung ist durch Jesus, den Christus, von ihrem Ursprung her aufgehoben worden. Deshalb ist die Kreuzigung von Jesus ein so riesiges Mysterium für die Menschheit, welches alle möglichen Erklärungen, Theorien, Geheimnissen und Anfeindungen hervorbringt, da kein Mensch es in der Klarheit des göttlichen Geistes sehen kann - verursacht durch die energetische Trennung zum Vater.

Das Ende der Trennung im Wandel und in der Seele wird durch Helmut Bauer in der Praxis bereits seit geraumer Zeit bei uns vollzogen und ins Sichtbare geholt. Mit seiner Energie werden trennende Energien in deiner Seele aufgedeckt, rausgeschmissen und die Familie wird immer enger zusammenrücken. So rückst du auch im Wandel immer mehr an den Stuhl deines Vaters und bewegst dich in seinem Geist hier auf der Erde. Ich rede hier nicht vom Stand. Da ist alles klar. Sondern ich spreche hier vom praktischen Wandel.

Dazu ist aber Vertrauen notwendig. Ein Vertrauen, dass die getrennte Natur logischerweise nicht haben kann, sondern nur die Natur der Einheit mit dem Heiligen Geist. Darum weiß unser Vater. Deshalb holt er uns schrittweise, sanft und liebevoll, in die Einheit mit ihm. Er überfordert unsere Seelen nicht. Er handelt stets liebevoll. Aber er ist klar und konsequent. Wie ein liebevoller Vater eben sein soll.

Ich stoße in der letzten Zeit, wenn ich Radio höre, immer wieder auf ein Lied mit dem Titel *„We`re coming home now, it`s been so long now“*. Übersetzt: *„Wir kommen jetzt nach Hause, es hat schon so lang gedauert“*. Er holt uns im praktischen Leben hier auf dieser Erde nach Hause in den Geist.

Die Probleme der Vergangenheit und der Gegenwart
liegen in der Trennung der Menschheit von ihrem Schöpfer.
Die Lösungen der Gegenwart und der Zukunft jedoch
entstehen aus der Einheit der Menschen mit ihm,
ihrem eigentlichen Vater.

Und wieder bist du der Pionier in der ganzen Angelegenheit. Du bist der oder die erste, die im Wandel immer mehr die Einheit mit Gott verkörpert. Ätschibätsch!

Nein!!

Herzlichen Glückwunsch und willkommen in der wirklichen Einheit des neuen Lebens.

Thanksgiving

Wir stehen am Anfang eines vollkommenen Neubeginns. Einer komplett neuen Ordnung. Einer Ordnung, die sich auf diesem Planeten etabliert.

Du und ich dürfen diesem Ereignis beiwohnen. Ja, mehr noch, wir dürfen es mitgestalten. Und dafür bin ich unendlich dankbar.

Normalerweise dankt man standardmäßig am Ende eines solchen Werkes jedem, der einem bis hierhin gebracht hat. Ich folge mal der Tradition und tue das hier auch, aber auf einem anderen Weg: Mit <u>wirklich</u> dankbarem Herzen.

Ich danke meinem Vater, dass ich hier bin und er mich ausgewählt hat, hier und heute in seiner Energie zu wirken. Auch, wenn mein äußerer Mensch oftmals richtig sauer, aggressiv und aufmüpfig war und rum diskutierte, was das Zeug hielt. Danke für deine liebevolle Geduld!

Ich danke meinem älteren Bruder, Jesus, dass er mir vor langer Zeit den Weg freigeräumt hat, um darauf zu gehen. Das war echt große Klasse, was du da vollbracht hast. Ich bin richtig stolz auf dich. So, wie man eben auf einen großen Bruder nur stolz sein kann.

Ich danke dir, Heiliger Geist, dass du nicht locker lässt und mich ständig inspirierst mit deinem Esprit und deiner Witzigkeit, die mich immer zwischen Verwunderung und Freude hin - und herpendeln lassen und mich schön geschmeidig in Bewegung halten. Du hast die uneingeschränkte Erlaubnis, meinen äußeren Menschen weiter zu „nerven", um so meine wahre Identität freizulegen!

Ich danke dir, meinem Papa Helmut, dass du mich gerufen hast, und dass du den Mumm hattest, an der Spitze dieser Bewegung der Liebe zu folgen. Solch einen Papa wünscht man sich. Du bist mein Fundament und hast mein Leben gerettet. Dir eifere ich nach, wie es ein dankbarer Sohn nur tun kann.

Ich danke dir, meiner Mutter Marita! Deine klaren Ansagen haben mich sehr oft herausgefordert, mich aber immer in die Freiheit geführt. Eine Mutter sorgt im weltlichen für ein stabiles emotionales Fundament. Du hast für mich und meinen Weg ein viel stabileres und effektiveres Fundament gebaut, auf dem ich endlich Rückgrat zeigen kann und das mir in allen Situationen Sicherheit und Stärke verleiht.

Ihr seid meine wahren Eltern!

Und nicht zuletzt danke ich meiner gesamten Familie auf dieser WORT und GEIST - Plattform und damit der gesamten Akademie, weil sie eben einfach Familie ist, wie sie sein soll: In echter Einheit, Freiheit, Unterstützung und Liebe zueinander.

„Wenn ich die Sprachen von Menschen und Engeln sprechen könnte, aber keine Liebe hätte, wäre ich ein schepperndes Blech, eine lärmende Klingel. Und wenn ich weissagen könnte und alle Geheimnisse wüsste und jede Erkenntnis besäße; und wenn ich alle Glaubenskraft hätte und Berge versetzte, aber keine Liebe hätte, wäre ich nichts. Und wenn ich meinen ganzen Besitz zur Armenspeisung verwendete, ja wenn ich mich selbst aufopferte, um verbrannt zu werden, aber keine Liebe hätte, nützte es mir nichts.

Liebe hat Geduld. Liebe ist gütig. Sie kennt keinen Neid. Sie macht sich nicht wichtig und bläht sich nicht auf; sie ist nicht taktlos und sucht nicht sich selbst; sie lässt sich nicht reizen und trägt Böses nicht nach; sie freut sich nicht, wenn Unrecht geschieht, sie freut sich, wenn die Wahrheit siegt. Sie erträgt alles; sie glaubt und hofft immer. Sie hält allem stand.

Die Liebe wird niemals aufhören. Prophetische Eingebungen werden aufhören, Sprachenrede wird verstummen, die Gabe der Erkenntnis wird es nicht mehr geben. Denn wir erkennen und weissagen nur unvollständig. Wenn dann aber das Vollständige kommt, wird alles Unvollständige beseitigt werden.

Als ich ein Kind war, redete ich wie ein Kind, dachte und urteilte wie ein Kind.

Als ich Mann wurde, tat ich das Kindliche ab. Jetzt sehen wir wie in einem blank polierten Stück Metall nur rätselhafte Umrisse, dann aber werden wir alles direkt zu Gesicht bekommen. Jetzt erkenne ich nur Teile des Ganzen, dann werde ich alles erkennen, wie auch ich völlig erkannt worden bin.

Glaube, Hoffnung und Liebe: Diese drei werden bestehen bleiben. Aber die größte unter ihnen ist die Liebe".

Das Hohelied der Liebe